Telekosmos Hobby-Elektronik

Heinrich Stöckle

Basteln mit integrierten Schaltungen

Wirkungsweise, Beschaltung und Schaltungsaufbau

Mit 35 Zeichnungen im Text
und 15 Fotos auf 4 Tafeln

TELEKOSMOS ELEKTRONIK

Telekosmos-Verlag
Franckh'sche Verlagshandlung
Stuttgart

Umschlag von Edgar Dambacher unter Verwendung eines Dias von Uwe Höch
Mit 35 Abbildungen im Text gezeichnet von Gertraud Stöckle und Hans-Hermann Kropf nach Vorlagen des Verfassers
15 Fotos auf 4 Tafeln vom Verfasser

2. Auflage / 7.—10. Tausend
Franckh'sche Verlagshandlung, W. Keller & Co., Stuttgart / 1977

Printed in Germany / Imprimé en Allemagne / LH 10 be
ISBN 3-440-04154-9
Druck: Johannes Illig, Göppingen; Buchbinder: Idupa, Owen/Teck

Basteln mit integrierten Schaltungen

1. Praktischer Umgang mit integrierten Bauteilen

1.1 Elektronik und integrierte Schaltungen

Die moderne Elektronik benutzt elektrische (Übertrager, Glühlampen, Servomotoren), elektromechanische (Schalter, Tasten, Relais) und elektronische Bauteile. Die Zuordnung eines Bauelements zu einer dieser drei Gruppen ist nicht immer zweifelsfrei, zumal in den USA die Definition etwas anders lautet als bei uns. Dort spricht man nämlich von der *Solid State Technic,* was soviel wie Festkörpertechnik bedeutet. Man meint damit ein Gerät, das keine beweglichen, also dem Verschleiß unterworfenen Bauteile enthält (Bedienungsknöpfe sind natürlich immer vorhanden). Solche Geräte ohne bewegliche Teile haben theoretisch eine nahezu unbegrenzte Lebensdauer. Eine lange Lebensdauer schließt aber die Verwendung von Elektronenröhren und Glühlampen aus.

Elektronenröhren sind jedoch nach der deutschen Definition ausgesprochen elektronische Bauelemente. In der VDE-Vorschrift 0411 werden nämlich elektronische Meßgeräte definiert als solche Geräte, „bei denen von Elektronenleitung in Halbleitern, im Vakuum oder in Gasen Gebrauch gemacht wird". Rein gefühlsmäßig sind wir mit der deutschen Formulierung nicht zufrieden. Ein Rundfunkgerät, das mit Röhren bestückt ist, würde man kaum als elektronisches Gerät, sondern höchstens als alten Schinken bezeichnen. Die feinen Unterschiede in der Auffassung, was Elektronik wirklich ist, sollen uns aber nicht davon abhalten, in die Elektronik einzusteigen. Wir beginnen gleich mit jenen Bauelementen, die heute als die typischen Vertreter der modernen Elektronik angesehen werden: Die integrierten Schaltungen. Was sind das für Bauelemente?

Zu den elektronischen Bauelementen — ob mit oder ohne Elektronenröhren — zählen auf jeden Fall Widerstände und Kondensatoren sowie Halbleiter. Auch hier ist die Zuordnung zu zwei großen Gruppen, nämlich passiven (Widerstände und Kondensatoren) und aktiven Bauelementen (Transistoren), nicht immer eindeutig. Heißleiter können zwar aus halbleitendem Material hergestellt sein, sind aber deswegen noch lange keine aktiven Bauelemente, also solche mit Verstärkereigenschaften. Ohne uns jedoch um die genauen Definitionen zu kümmern, können wir sagen, daß integrierte Schaltungen grundsätzlich aus wenigstens zwei elektronischen Bauelementen bestehen, die in einem gemeinsamen Gehäuse untergebracht, integriert sind (lat. integrare = ergänzen, wiederherstellen). Die Integration wird mit verschiedenen Techniken verwirklicht, die im nächsten Abschnitt näher beschrieben werden.

1.2 Dünn- und Dickschichtnetzwerke

Wenn man auf eine geeignete Unterlage, das Substrat, bestimmte Schichten aufdampft und diese mit Fotomasken entsprechend dem gewünschten Muster, z. B. einem Widerstandsmäander, ausätzt, dann erhält man eine Dünnschichtschaltung. Statt dessen kann man den Mäander auch nach dem Siebdruckverfahren in Form einer Paste auf das Substrat aufdrucken, und man erhält eine Dickschichtschaltung. Meist werden solche Schaltungen, die nur Widerstände und eventuell auch Kondensatoren enthalten, auf Kundenwunsch angefertigt und kommen daher für den Amateur weniger in Frage. Allmählich gelangen aber auch konfektionierte Schaltungen auf den Markt, die in der Regel ziemlich teuer sind, dafür aber gute elektrische Eigenschaften aufweisen. Beispiele sind Netzwerke für Digital-Analog-Wandler oder Spannungsteiler für hochgenaue Voltmeter.

1.3 Hybridschaltungen

Dünn- und Dickschichtschaltungen sind zwar ideal zur Erzeugung von Widerständen und mit Einschränkungen auch von Kapazitäten, aber nicht für Halbleiter. Umgekehrt eignen sich die im nächsten Abschnitt näher zu besprechenden monolithisch integrierten Schaltungen bestens zur Erzeugung von Halbleitern, wogegen Widerstände und Kapazitäten nur begrenzt mitintegriert werden können. Für sehr hochwertige Schaltungen nutzt man daher die Vorteile beider Technologien aus und erhält dann ein Mischsystem, d. h. eine Hybridschaltung (lat. hybrida = Mischling). Die Anwender erhalten für diese Fälle entweder die Halbleiter ohne Gehäuse in Form winziger Silizium-Plättchen, der sogenannten Chips, oder in besonderen Mikrogehäusen. Das Foto *Bild 1, Tafel 1,* zeigt die Größenverhältnisse.

Es versteht sich, daß diese Hybridschaltungen ziemlich teuer sind. In einigen Fällen sind sie jedoch so weit konfektioniert, daß sie auch für den Amateur interessant werden. Das sind vor allem integrierte Operationsverstärker, die mit einer Eingangsstufe mit Feldeffekttransistoren versehen werden. Für diesen Anwendungsfall werden vom Hersteller zwei Chips miteinander verbunden und in einem gemeinsamen Gehäuse untergebracht. Meist werden jedoch Hybridschaltungen in Form von Baugruppen, den sogenannten Moduls, angeboten. Die fertige Schaltung wird in kleine Plastikgehäuse eingebaut und vergossen.

1.4 Monolithisch integrierte Schaltungen

Die monolithisch integrierten Schaltungen ermöglichen die Herstellung hochkomplizierter Geräte mit wenigen Bauelementen. So besteht beispielsweise das Herz eines modernen Taschenrechners aus etwa 30 000 Einzeltransistoren, die auf einem fingernagelgroßen Siliziumplättchen untergebracht sind. Diese Plättchen (Chips) entstehen gleichzeitig in größerer Zahl auf einer dünnen Siliziumscheibe (Wafer, siehe Foto *Bild 3, Tafel 1)* dadurch, daß das Silizium mit Fotomasken an bestimmten Stellen bedampft,

dotiert, geätzt und sonstwie behandelt wird. So entstehen eigenartige geometrische Muster; *Bild 2, Tafel 1,* zeigte eine stark vergrößerte Aufnahme eines Chips. So entstehen Transistoren, Widerstände, Dioden und Verbindungsleitungen. Da auf diese Weise ein Transistor besser herzustellen ist als ein Widerstand, ersetzt man die Widerstände oft durch halb durchgeschaltete Transistoren, so daß eine integrierte Schaltung manchmal mehr Halbleiter als Widerstände aufweist. Diese auf *einem* Kristall aufgebauten Schaltungen nennt man *monolithisch integriert* (griechisch monos = einzig, lithos = Stein). Im Laborjargon werden sie IS (Integrierte Schaltung) oder IC (Integrated Circuit) genannt, wobei zweifelhaft ist, ob es der, die oder das IS heißen muß. Wie weit man die Integration heute bereits treiben kann, ist in *Bild 4, Tafel 2,* angedeutet.
Die Hersteller unterteilen ihre Datenbücher in zwei große Gruppen, die Analogschaltungen (Linearschaltungen), auf die wir im Kapitel 3 ausführlich zu sprechen kommen, und die Digitalschaltungen. Die Digitalschaltungen wiederum sind in verschiedene Gruppen und Schaltungsfamilien unterteilt. So gibt es SSI-Schaltungen (Small Scale Integration = niedriger Integrationsgrad mit wenigen Gattern oder weniger als 50 Einzeltransistoren), MSI-Schaltungen (Medium Scale Integration = mittlerer Integrationsgrad mit etwa 10 bis 100 Gattern) und LSI-Schaltungen (Large Scale Integration = hoher Integrationsgrad mit über 100 Gattern). Dem Verwendungszweck nach unterscheidet man beispielsweise Rechnerbausteine, Digital-Analog-Wandler, Funktionsgeneratoren, Digitaluhren und vor allem die Logikschaltungen, mit denen wir uns noch sehr ausführlich beschäftigen müssen. Nach der Technologie unterscheidet man zwischen bipolaren und MOS-Schaltungen. Die MOS-Schaltungen erlauben einen höheren Integrationsgrad als die bipolaren Schaltungen und benötigen, da sie mit Feldeffekttransistoren arbeiten, bedeutend weniger Leistung als die mit herkömmlichen Transistoren aufgebauten integrierten Schaltungen. In bestimmten Fällen kombiniert man auch die beiden möglichen MOS-Schaltungen (n-MOS- und p-MOS-Schaltungen) zur CMOS-Technik (Complementary

Metal Oxide Semiconductor = komplementärer Feldeffekt-Transistor).
Bei der Verwirklichung einer Schaltung kann man verschiedene Wege gehen. Natürlich hat jede Schaltungskonzeption ihre Vor- und Nachteile, die jedoch nur den Fachmann interessieren. Aus diesem Grunde entstanden in der Digitaltechnik die verschiedenen Schaltungsfamilien. So gibt es beispielsweise die Familie der RTL-Schaltungen (Widerstands-Transistor-Logik), der DTL-Schaltungen (Dioden-Transistor-Logik) und der TTL-Schaltungen (Transistor-Transistor-Logik). Varianten sind u. a. S-Ausführungen und H-Ausführungen für hohe Schaltgeschwindigkeiten sowie L-Ausführungen für niedrige Leistungsaufnahme. Die Leistungsaufnahme bei den am meisten verbreiteten TTL-Schaltungen ist nämlich ganz beachtlich, und man muß leistungsfähige Stromversorgungen bereitstellen, wenn man eine größere Anzahl integrierter Schaltungen betreiben möchte.
Wenn nicht ausdrücklich anders vermerkt, werden in den nachfolgenden Abschnitten nur die sehr preiswerten TTL-Schaltungen besprochen. Ein Teil der zu besprechenden Schaltkreise gehört keiner der erwähnten Schaltungsfamilien an, das ist die Gruppe der Zähler, Speicher und Decodierer (Entschlüßler). Diese Gruppe ist jedoch TTL-kompatibel. Unter dem Wort „kompatibel" versteht man eigentlich „austauschbar". Beispielsweise sind die Digitalschaltungen der verschiedenen Hersteller kompatibel, das heißt gegeneinander austauschbar. Dabei müssen nicht nur die elektrischen Eigenschaften der Bausteine übereinstimmen, sondern auch die Anschlußbelegung. Im Laborjargon versteht man unter „kompatibel" jedoch auch den Umstand, daß die Bausteine zusammenpassen. Ein TTL-kompatibler Zähler kann also von TTL-Schaltungen angesteuert werden. Die neueren Entwicklungen, z. B. MOS-Schaltungen, sind nicht immer TTL-kompatibel und können nur über bestimmte Umsetzer mit TTL-Schaltungen zusammenarbeiten. Da dem Amateur in der Regel von den Elektronikhandlungen nur TTL-Schaltungen angeboten werden, ist er der Qual der Wahl enthoben, und wir können dieses Thema daher abschließen.

1.5 Gehäuseformen

Je komplexer eine Schaltung ist, desto geringer wird die Ausbeute, die bis auf wenige Prozent sinken kann. Der Rest ist Ausschuß. Mehr als anderswo hat deshalb der Hersteller von IS ein Interesse daran, möglichst viele verkaufsfähige Exemplare aus einer Charge (Fertigungsprozeß) zu erhalten. Dies führt dazu, daß man die Bauelemente in Gruppen mit unterschiedlichen Toleranzen der elektrischen Eigenschaften einteilt. Auf Grund der amerikanischen Prüfvorschriften gibt es bei den meisten integrierten Schaltungen zwei Gruppen, und zwar die enger tolerierte militärische Version für den Betrieb bei Umgebungstemperaturen von —55 bis +125 °C und die kommerzielle Ausführung mit etwas weiteren Toleranzen, die im eingeengten Temperaturbereich von 0 bis +70 °C garantiert sind. Der Bezeichnungsschlüssel, der im nächsten Abschnitt erläutert wird, ist leider sehr uneinheitlich.

Von der großen Zahl der Gehäuse ist ein Teil standardisiert. Die wichtigsten Gehäuseformen sind:
Metallgehäuse mit 8 Anschlüssen
Metallgehäuse mit 10 Anschlüssen
Metallgehäuse mit 12 Anschlüssen
Plastik-Steckgehäuse mit 8 Anschlüssen
Plastik-Steckgehäuse mit 14 Anschlüssen
Plastik-Steckgehäuse mit 16 Anschlüssen
Metall-Keramik-Steckgehäuse
Flachpackungen

Die beiden zuletzt genannten Gehäuse weisen eine unterschiedliche Anzahl von Anschlüssen auf, die Metall-Keramik-Gehäuse können, da in ihnen u. a. hochkomplexe Sonderschaltungen untergebracht werden, auch in ihren äußeren Abmessungen stark variieren. Ein Teil der angeführten Gehäuse sind auf den Fotos *Bild 5, 6* und *7, Tafel 2,* sowie in *Bild 1.01* dargestellt.

Während die Anschlußdrähte der Metallgehäuse beliebig gebogen werden können, haben Steckgehäuse starre Anschlußfahnen, die nur in genau gebohrte Bohrungen passen. Die Anschlüsse von

Bild 1.01 Gehäuseformen monolithisch integrierter Schaltungen
a 14-poliges Plastik-Steckgehäuse
b 16-poliges Plastik-Steckgehäuse
c 16-poliges Metall-Keramik-Steckgehäuse
d Flachpackung
e Metall-Rundgehäuse

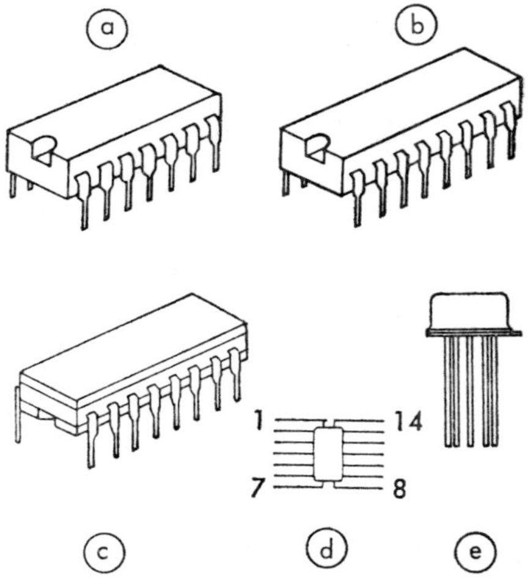

Steckgehäusen und Flachpackungen sind im Zollraster angeordnet (1 Zoll = 25,4 mm). Aus *Bild 1.02* sind die Anschlußmaße der Steckgehäuse ersichtlich, die auch DIL-Gehäuse (Dual-In-Line-Gehäuse) oder DIP-Gehäuse (Dual-In-Line-Plastik-Gehäuse) genannt werden. Die Maßzeichnung für das 16-polige Steckgehäuse gilt auch für das 14-polige Gehäuse, das nur 1 Paar Anschlüsse weniger aufweist, sowie für das 8-polige Mini-DIP entsprechend.

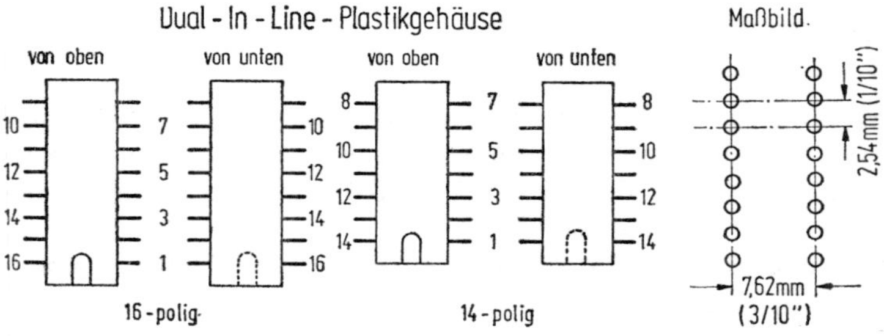

Bild 1.02 Zählweise und Anschlußmaße von Steckgehäusen

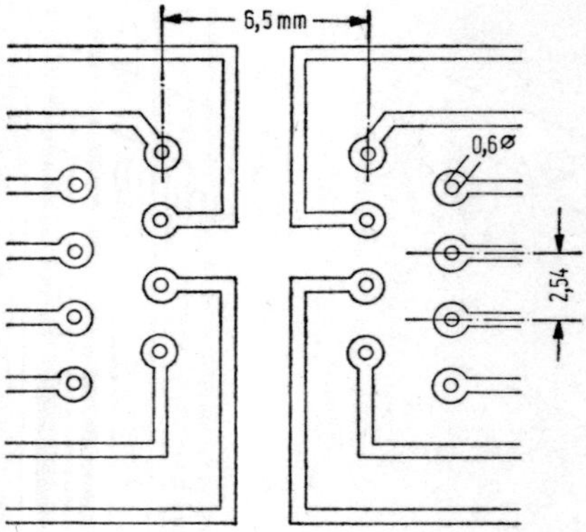

Bild 1.03 Leiterplatte für den Einbau von Flachpackungen

Es besteht für den Amateur keine Veranlassung, Flachpackungen zu verwenden, da diese infolge ihrer kleinen Abmessungen (*Foto Bild 8, Tafel 3*) kaum noch richtig verschaltet werden können und fast alle integrierten Schaltungen auch in anderen Gehäusen erhältlich sind. Da man Lötaugen mit etwa 0,8 mm Durchmesser von 0,4 mm Abstand schwerlich mit dem Lötkolben verlöten kann, ohne daß die Gefahr von Lötbrücken besteht, empfiehlt es sich, die Anschlüsse in vier Reihen nach *Bild 1.03* anzuordnen. Sofern die Notwendigkeit sich einmal ergeben sollte, müßten diese Arbeiten mit einem Pico-Lötkolben mit sehr feiner Spitze und kleiner Heizleistung durchgeführt werden. Notfalls kann man sich auch so helfen, daß man um die Spitze eines normalen Lötkolbens einen dicken Kupferdraht wickelt und mit diesem lötet. Da Flachpackungen für den Amateur kaum in Frage kommen, werden wir auf diese nicht mehr näher eingehen.

1.6 Typenbezeichnungen

Die Typenbezeichnungen der europäischen Hersteller sind zwar sehr viel eindeutiger als die amerikanischen. Doch sind Importbauteile stark in der Überzahl, so daß die amerikanischen Bezeichnungen dominieren.

Die deutschen Analogschaltungen tragen folgende Bezeichnung:
1. Buchstabe: T
2. und 3. Buchstabe: AA, BA, CA usw.
1. und 2. Ziffer: Seriennummer fortlaufend von 10 . . .99

3. Ziffer: Temperaturbereich. Es bedeutet:

0	nicht festgelegt
1	0 bis 70 °C
2	—55 bis 125 °C
3	—10 bis 85 °C
4	15 bis 55 °C
5	—25 bis 85 °C
6	—40 bis 85 °C

Ein bisweilen angehängtes S bezeichnet eine Variante.
Die Digitalschaltungen werden so gekennzeichnet:
1. und 2. Buchstabe: Serienbezeichnung, FL, FZ, GD usw.
3. Buchstabe: Funktion
1. und 2. Ziffer: Seriennummer 10 . . . 99
3. Ziffer: Temperaturbereich wie oben.
Der Funktionsbuchstabe bedeutet:

H	logische Verknüpfung
J	folgegesteuerte Logik (statisch)
K	monostabile Schaltung
L	Pegelumsetzer
N	folgegesteuerte Logik (dynamisch)
Q	Speichermatrix
R	Festwertspeicher
S	Leseverstärker mit digitalem Ausgang
Y	verschiedene Schaltungen außerhalb H bis S

Für digitale Einzeltypen gilt die Serienbezeichnung SA, SB usw., und für Typen, die analoge und digitale Signale verarbeiten, die Bezeichnung UA, UB usw.
Die amerikanischen Bezeichnungen für Analogschaltungen beginnen mit 1—3 Buchstaben, die den Hersteller sowie teilweise die Funktion kennzeichnen, und werden gefolgt von einer Seriennummer mit 3—4 Stellen. Die Bestellbezeichnung enthält überdies noch einen Schlüssel für das Gehäuse. Unterschiedliche Toleranz- und Temperaturbereiche werden durch eine andere Seriennummer sowie durch angehängte Buchstaben ausgedrückt.

Beispiele für einen Operationsverstärker:
SG 1536 —55 °C bis +125 °C, Eingangsstrom max. 20 nA
SG 1436 0 bis 75 °C, Eingangsstrom max. 40 nA
SG 1436 C 0 bis 75 °C, Eingangsstrom max. 90 nA

Die etwas schlechteren Werte der Ausführung C schlagen sich natürlich auch noch in anderen Größen nieder. Da die elektrisch günstigeren Exemplare durch Ausmessen aus einer größeren Anzahl ausgesucht wurden, sind sie auch entsprechend teurer. Die Ausführung SG 1436 ist etwa doppelt so teuer wie die Ausführung C, der Typ SG 1536 kostet das Fünffache der Ausführung C. Nachdem die meisten integrierten Schaltungen von mehreren Herstellern angeboten werden, läßt man deren Kennbuchstaben in der Regel weg. Man spricht deshalb nur noch vom Operationsverstärker 709 oder 741 C.

Die Bezeichnungen für integrierte Digitalschaltungen sind ähnlich aufgebaut. Dem Herstellerschlüssel folgt eine Seriennummer. Ist diese dreistellig, dann wird der Temperaturbereich durch eine Kennziffer angehängt, z. B. MIC 930—1 (—55 bis 125 °C) oder MIC 930—5 (0 bis 75 °C). Die Großzahl der integrierten Digitalschaltungen weist jedoch eine vier- bis fünfstellige Seriennummer auf. Für Amateure ist vor allem die Serie 74 . . . interessant, die alle TTL-Schaltungen des eingeengten Temperaturbereichs 0 bis 70 °C umfaßt, während die Serie 54 . . . die militärische Version kennzeichnet. Nach den beiden ersten Ziffern kann ein Buchstabe eingeschoben sein. Ein *L* bedeutet geringe Leistungsaufnahme (Low Power), ein *S* die Ausführung mit Schottky-Dioden, ein *H* kurze Schaltzeiten (High Speed). Die langsame störsichere Logik HNIL (High-Noise-Immunity-Logic) ist z. B. durch die Seriennummer 153 . . . gekennzeichnet. Wie man sieht, ist aus den Bezeichnungen nicht allzu viel zu ersehen, und man muß sich im Einzelfall die Datenblätter beschaffen, um die jeweils günstigste Type aussuchen zu können. Das Wort „Datenblatt" ist allerdings nicht wörtlich zu nehmen: Der Katalog von Texas Instruments ist 7 cm dick und wird nur gegen eine Schutzgebühr abgegeben, während die technischen Daten von Analogschaltungen sehr oft noch als Faltblätter kostenlos erhältlich sind. Da die Preise je nach Ausführung, Toleranz, Temperaturbereich usw. sehr stark schwanken können, empfiehlt es sich, vor Bestellungen eine Preisliste anzufordern. In der Regel wird der Amateur jedoch in den einschlägigen Versandgeschäften die jeweils preisgünstigste Ausführung erhalten.

1.7 Der Einbau in Schaltungen

Wer eine integrierte Schaltung benutzt, muß sich zunächst über die Zählweise klarwerden. Wie aus Bild 1.01 hervorgeht, weisen Plastik-Steckgehäuse eine Kerbe auf, von der aus gezählt wird. Keramik-Steckgehäuse haben eine ähnliche Kerbe, oder Anschluß 1 ist mit einem Punkt oder mit einer Eins markiert. Metallgehäuse haben eine Nase, von der aus gezählt wird. Die Zeichnung *Bild 1.04* zeigt das achtpolige und *Bild 1.05* das zehnpolige Metallgehäuse (Seite 18).
Der Umgang mit integrierten Schaltungen setzt eine erhebliche Fertigkeit im Löten voraus. Was beim Löten alles beachtet werden muß, kann dem Buch „So baut man eine Schaltung auf" der Reihe „Telekosmos Hobby Elektronik" entnommen werden. Die wichtigsten Punkte seien hier kurz aufgeführt. Denn die richtige Löttechnik ist gerade bei integrierten Schaltungen mit ihren zahlreichen, eng nebeneinanderliegenden Anschlußdrähten besonders wichtig.
Zum Löten nur Kolophonium-Lötdraht (Lötdraht mit Flußmittelseele) verwenden. Lötspitze zwecks Reinigung ab und zu in festes Kolophonium drücken (als Geigenharz in Musikgeschäften erhältlich). Ein Lötkolben geringer Leistung (10—30 Watt) hat eine ausreichend dünne Spitze, mit der auch kleinste Lötstellen ausgeführt werden können. Für sonstige Lötarbeiten ist ein solcher Lötkolben bisweilen etwas zu schwach. Wer nur einen Lötkolben mit stärkerer Heizleistung hat, kann wie schon erwähnt einen starken Kupferdraht um die Spitze wickeln.
Beim Einbau integrierter Schaltungen sollten die Bohrungen 0,8 mm betragen. Sind sie größer, dann besteht bei schmalen Leiterbahnen die Gefahr der Unterbrechung. Leiterbahnen und

Bild 1.04 Rundgehäuse
TO-78

Bild 1.05 Rundehäuse
TO-74

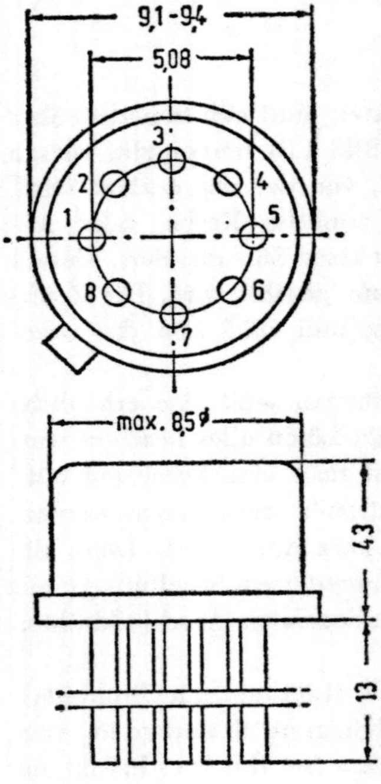

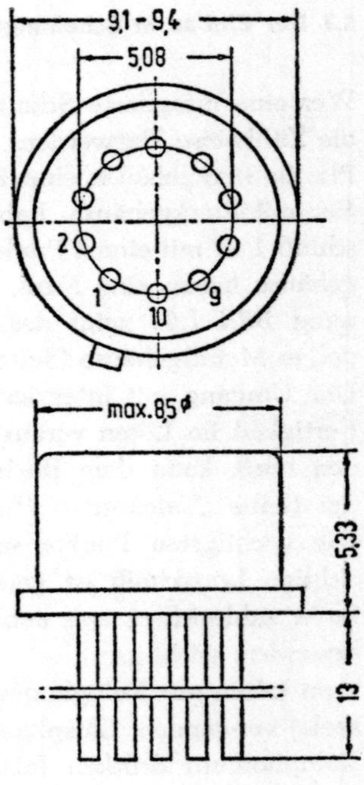

Lötaugen müssen blank und mit Lötlack (Kolophonium in Spiritus aufgelöst) bestrichen sein. Eine Lötperle in Kugelform *(Bild 1.06, links)* garantiert keine einwandfreie Lötstelle. Die Perle muß zerfließen *(Bild 1.06, Mitte)*, andernfalls besteht die

Bild 1.06 Aussehen von Lötperlen

Gefahr einer kalten Lötstelle. Zerfließt die Perle nicht, dann sind meist eine oxidierte Leiterbahn, das Fehlen von Lötlack, oxidiertes Lötzinn oder ein zu kalter Lötkolben die Ursache. Die Lötperlen sollten nicht allzu groß sein, weil sie sich sonst bei kleinen Abständen der Lötstellen infolge ihrer Kugelform gegenseitig berühren, auch wenn an ihrer Basis keine Lötbrücke besteht *(Bild 1.06, rechts)*. Bei sehr eng beeinanderliegenden Lötstellen sollte man zwischen diesen ein spitzes Messer durchziehen, um sicher zu sein, daß keine Lötbrücke da ist.

Beim Löten in Schaltungen muß unbedingt die Stromversorgung abgeschaltet werden, weil einmal durch die Erdverbindung der Kolbenspitze die Gefahr eines Kurzschlusses besteht und ferner eine etwaige unzureichende Isolation der Netzspannung die empfindlichen Halbleiter zerstört. Auch sonst empfiehlt es sich, vor jedem Hantieren an der Schaltung die Speisespannung abzuschalten, da man beispielsweise mit der Klemmprüfspitze gerne einen Kurzschluß verursacht, oder es fällt die Pinzette auf die Schaltung.

Sehr wichtig ist auch das richtige Abbiegen der Anschlußdrähte. Diese dürfen nicht unmittelbar nach dem Austreten aus dem Gehäuse, sondern in wenigstens 2 mm Abstand abgebogen werden, wie in *Bild 1.07* angedeutet. Andernfalls können in der Lackschicht der Widerstände und Kondensatoren oder in der Glasdurchführung der Halbleiter Risse und Sprünge auftreten. Zum Abbiegen sollte daher auch stets eine spitze Zange verwendet werden.

Wie schon erwähnt, müs-

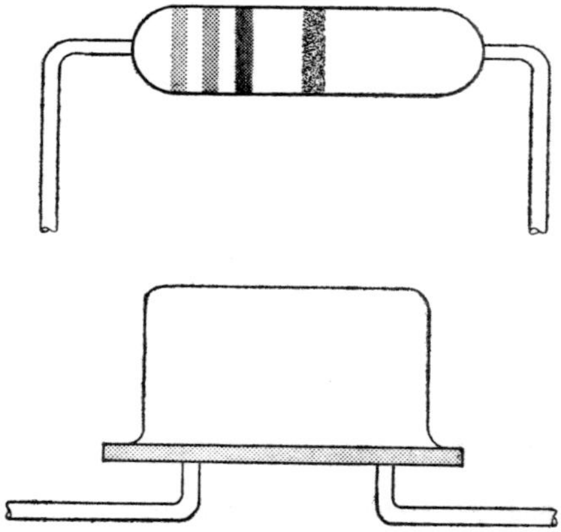

Bild 1.07 Abbiegen elektronischer Bauteile

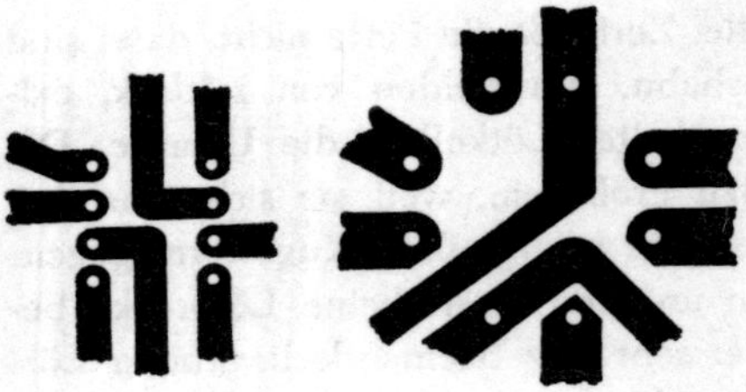

Bild 1.08 Leiterplatten für den Einbau von Rundgehäusen

sen die Bohrungen für Plastik- und Keramiksteckgehäuse genau im Rastermaß 2,54 mm angelegt sein. Beim Selbstätzen von Leiterplatten benutzt man zweckmäßigerweise eine geeignete käufliche Experimentierplatine als Bohrschablone. Integrierte Schaltungen im Metallgehäuse können entweder in Bohrungen mit der DIL-Konfiguration oder in kreisförmig angeordnete Bohrungen eingelötet werden, wobei beide Anordnungen die Möglichkeiten bieten, zusätzliche Leiterbahnen zwischen den Anschlußpunkten durchzuführen *(Bild 1.08)*. Grundsätzlich sollte der Amateur jedoch das Raster 5 mm anstreben, da die Gefahr von Fehlern kleiner ist. Demnach ist die kreisförmige Anordnung vorzuziehen.

Für den Einbau in Versuchsschaltungen stehen verschiedene Möglichkeiten offen. Zunächst sei die Brettschaltung erwähnt, bei der die Bauelemente auf einem Stück Sperrholz befestigt werden. Als Lötpunkte dienen Reißnägel mit aufgebördelter Messing-

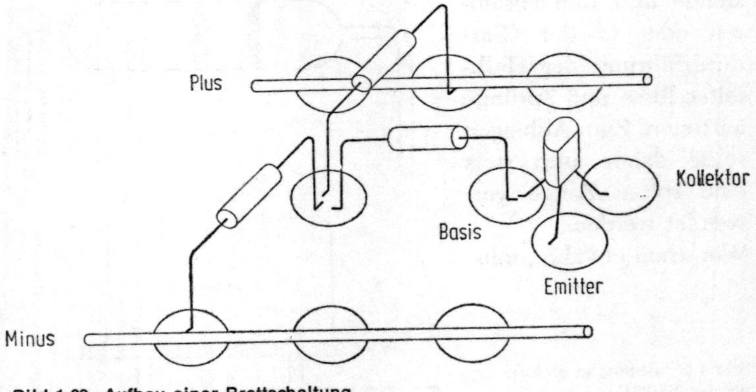

Bild 1.09 Aufbau einer Brettschaltung

kappe, wie in *Bild 1.09* skizziert. Steckgehäuse werden nicht unmittelbar eingelötet, sondern in eine passende Fassung gesteckt. Die Fassungen können sehr elegant mit einem Flachbandkabel verdrahtet werden, wie aus dem Foto *Bild 9, Tafel 3*, hervorgeht. Flachbandkabel bestehen aus verschiedenfarbig isolierten Drähten oder Litzen, die zusammenhängend und nebeneinanderliegend angeordnet sind.

Metallgehäuse werden auf kreisförmig befestigte Reißnägel gelötet *(Bild 10, Tafel 3)*. Nach diesem Verfahren kann man Gehäuse mit 8 oder 10 Anschlußdrähten einlöten. Für 12polige Gehäuse wird der Kreis der Reißnägel zu weit, und die Anschlußdrähte müssen mit dünnen Drähten verlängert werden *(Bild 11, Tafel 3)*. Um die Reißnägel gleichmäßig anordnen zu können, ist es zweckmäßig, wenn man sich eine Papierschablone anfertigt nach *Bild 1.10*. Diese legt man auf das Brett und drückt mit dem Kugelschreiber an den entsprechenden Stellen kräftig durch das Papier in das weiche Holz.

Sehr praktisch ist es, wenn man die integrierten Schaltungen auf kleine Leiterplatten setzt und diese über Lötösen mit der übrigen Schaltung verbindet. Man kann sich so eine Auswahl an eingelöteten Bauelementen zulegen. Die Leiterplatten kann man sich selbst ätzen oder im Rundfunkhandel kaufen, Foto *Bild 12, Tafel 4*. Damit sind wir mit den Tips und Hinweisen für den praktischen Umgang mit integrierten Schaltungen am Ende und wenden uns den schaltungstechnischen Problemen zu.

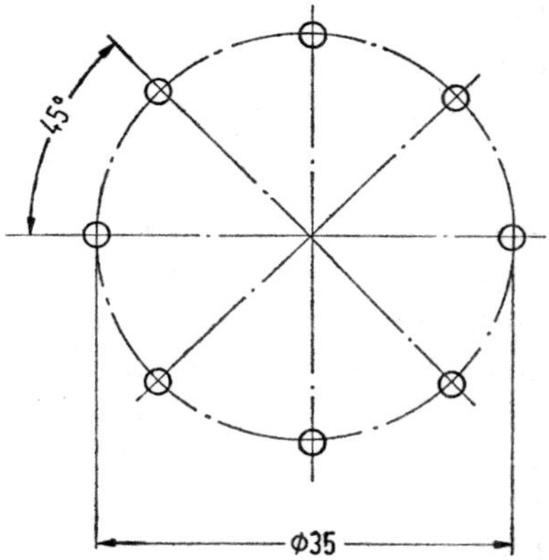

Bild 1.10 Papierschablone zum Beschalten eines 8-poligen Rundgehäuses

2. Integrierte Operationsverstärker

2.1 Interne Schaltung

Operationsverstärker gehören zu den im nächsten Kapitel beschriebenen Linear- oder Analogschaltungen. Da sie jedoch neben den Logikschaltungen wirtschaftlich und schaltungstechnisch die bedeutendste Gruppe der integrierten Schaltungen darstellen, ist ihnen ein eigenes, dieses Kapitel gewidmet.

Das Wort „Operationsverstärker“ ist eine mißglückte Übersetzung aus dem Englischen und bezeichnet einen Verstärker für Rechenoperationen, und zwar für analoge Rechnungen. Es handelt sich also um einen Präzisionsgleichstromverstärker.

Da bei Gleichstromverstärkern Schwankungen der elektrischen Eigenschaften des Meßverstärkers in das Meßergebnis eingehen, wendet man das Schaltungsprinzip des Differenzverstärkers an. Ein ausgesuchtes Transistorpaar mit weitgehend gleichen elektrischen Kennwerten wird von einem möglichst hochohmigen Emitterwiderstand gespeist *(Bild 2.01a)*. Um einen nahezu unendlich hohen Emitterwiderstand zu erhalten, kann man diesen auch durch eine Konstantstromquelle ersetzen *(Bild 2.01b)*. Wenn beide Basisanschlüsse auf demselben Potential liegen, sind die Kollektorströme beider Transistoren gleich groß, so daß an den Ausgängen gleiches Potential herrscht. Wenn ein Transistor durch ein entsprechendes Signal mehr leitet, erhöht sich sein Emitterstrom. Da die Summe der Emitterströme aus der Konstantstromquelle gleichbleibt, wird demzufolge der Emitterstrom des anderen Transistors entsprechend geringer. Proportional hierzu verschieben sich die Spannungsabfälle an den Kollektorwiderständen. Der Differenzverstärker mißt also die Differenz der Kollektorströme. Gleichsinnige Änderungen der elektrischen Eigenschaften beider Transistoren heben sich auf, sofern sie sich

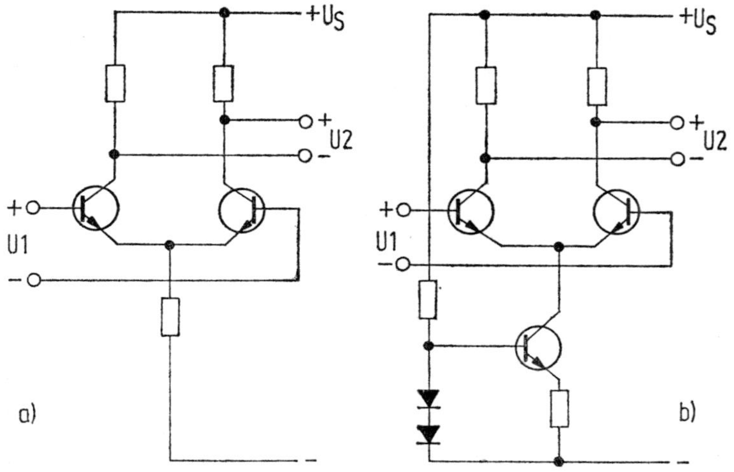

Bild 2.01 Differenzverstärker
a mit gemeinsamem Emitterwiderstand
b mit Konstantstromquelle

in gleichem Maße ändern. Voraussetzung hierfür ist eine weitgehende Übereinstimmung der Kennwerte (gute Paarung) und gleiche Temperatur. Beides ist durch die monolithische Integration gegeben. Die Herstellung im gleichen Fertigungsgang ergibt gute Paarungseigenschaften und die Anordnung auf demselben Chip eine enge thermische Kopplung.

Der Differenzverstärker hat 2 Eingänge und 2 (symmetrische) Ausgänge und wird mit dem Schaltungssymbol nach *Bild 2.02a*, Seite 24, dargestellt. Der Operationsverstärker hat ebenfalls 2 Eingänge, aber nur einen einzigen (unsymmetrischen) Ausgang. Das Schaltungssymbol zeigt *Bild 2.02b* für den nichtinvertierenden und *Bild 2.02c* für den invertierenden Verstärker. Beidemale handelt es sich um dasselbe Bauelement, lediglich die äußere Beschaltung hat sich geändert. Dies wird klar, wenn wir nochmals Bild 2.01 betrachten. Bezeichnet man einen der Ausgänge mit Plus, den andern mit Minus, dann erscheint am Ausgang ein

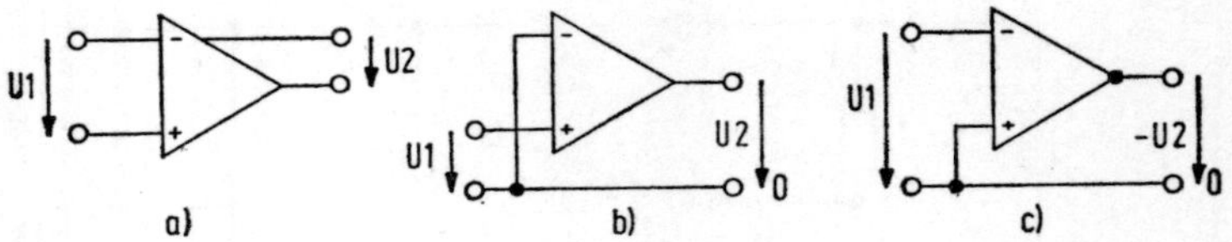

Bild 2.02 Schaltungssymbole
a eines Differenzverstärkers
b eines nichtinvertierten Operationsverstärkers
c eines invertierten Operationsverstärkers

positives Signal, wenn man an den Pluseingang ebenfalls ein positives Signal legt. Ein positives Signal in den Minuseingang eingespeist ergibt jedoch ein negatives Signal am Ausgang. Im zweiten Fall wurde also die Polarität des Signals umgekehrt. Man bezeichnet deshalb den Minuseingang als invertierenden (umkehrenden) Eingang und den Pluseingang als nichtinvertierenden Eingang.

Der Unterschied zwischen Differenzverstärker und Operationsverstärker liegt in der Zahl der Ausgänge. Ein idealer Gleichstromverstärker sollte am Ausgang Null liefern, wenn am Eingang ebenfalls Null herrscht. Beim Differenzverstärker liegt zwar im Ruhezustand keine Spannung zwischen den beiden Ausgängen, das Ausgangspotential ist jedoch nicht gleich dem Eingangspotential, was vielfach sehr unpraktisch ist. Der Operationsverstärker erhält deshalb eine Ausgangsstufe, die das Potential am Ausgang dem Eingangspotential anpaßt. Nachdem nun Ein- und Ausgangspotential im Ruhezustand gleich sind, entfällt beim Operationsverstärker der zweite Ausgang.

Möchte man einen Transistor symmetrisch nach beiden Seiten aussteuern, dann gibt man ihm einen festen Arbeitspunkt, indem man die Basis auf ein mittleres Potential legt, das beispielsweise durch den Basisspannungsteiler erzeugt wird. Infolge der Kollektor-Emitter-Restspannung (Kniespannung) ist es jedoch nicht möglich, am Ausgang null Volt zu erzeugen. Das Gleiche gilt für einen kompletten Verstärker, der ebenfalls aus Einzeltransistoren zusammengesetzt ist. Um diesem Nachteil zu begegnen,

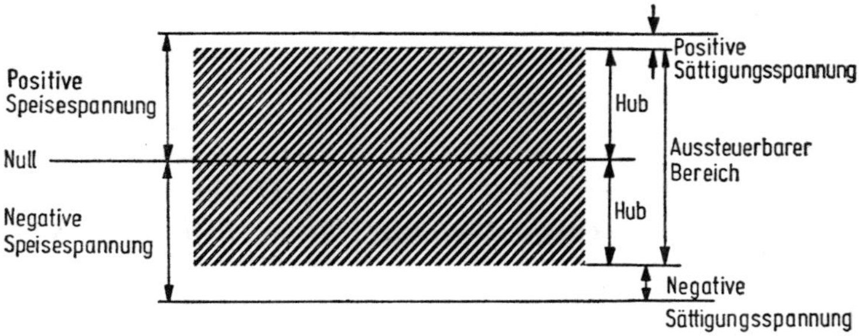

Bild 2.03 Ausnutzbarer Bereich und Spannungen eines Operationsverstärkers

betrachtet man das mittlere Potential als Bezugspotential Null, so daß nunmehr zwei Speisespannungen, eine positive und eine negative, notwendig werden. Man kann jedoch auch mit einer Speisespannung auskommen, wenn man das Nullpotential an einem Spannungsteiler abgreift. Die Aussteuergrenzen (Sättigung) liegen dann jeweils etwas unter dem Plus- und über dem Minuspotential, und was zwischen diesen Aussteuergrenzen liegt, ist der aussteuerbare Bereich (Hub), siehe *Bild 2.03*. Die Sättigung ist typenabhängig. Beim 741 C beispielsweise beträgt die positive Sättigung knapp 1 V und die negative Sättigung knapp 2 V. Sie kann bei Spezialtypen für Batteriebetrieb auf einige -zig Millivolt zurückgehen. Für den Schaltungsentwurf ist es wichtig, daß die Sättigungsgrenze nicht nur für den Ausgang, sondern auch für den Eingang gilt. Das Eingangssignal muß also innerhalb des Hubs liegen.

2.2 Äußere Beschaltung

Ähnlich wie der Transistorverstärker mit dem Minuspol als gemeinsamem Pol für Eingang und Ausgang (*Bild 2.04*, links, Seite 26) kann auch der Operationsverstärker als Vierpol mit einem gemeinsamen Pol, der Nullinie, betrachtet werden (*Bild 2.04*, rechts). Von großer schaltungstechnischer Bedeutung ist der invertierende Eingang, mit dem die Spannungsverstärkung auf einen beliebigen

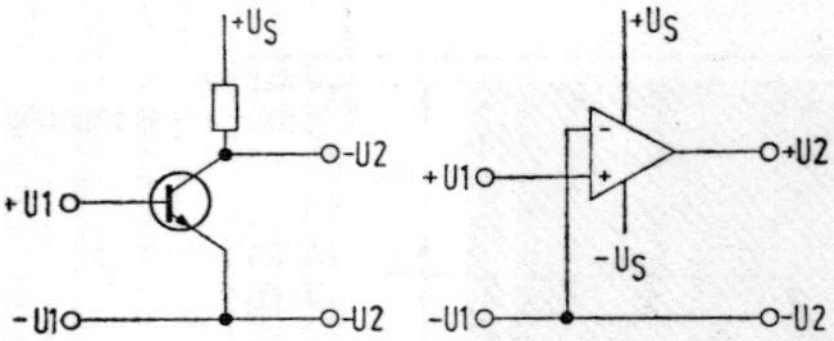

Bild 2.04. Transistor und Operationsverstärker als Vierpol

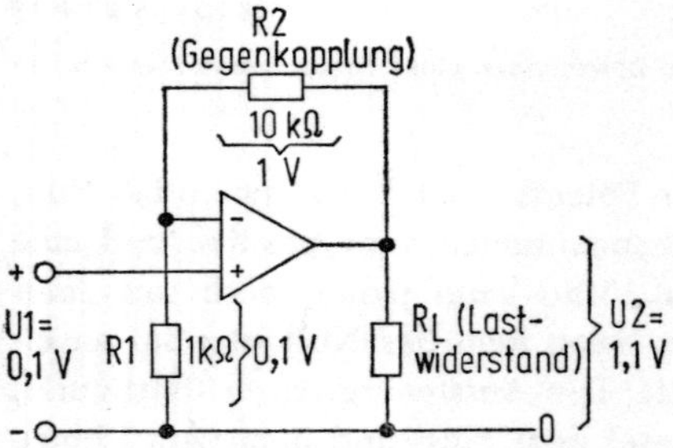

Bild 2.05 Die Wirkung des Gegenkopplungsnetzwerkes

Wert von 1 bis zur Leerlaufverstärkung, die je nach Type zwischen 10 000 und 1 000 000 liegt, eingestellt werden kann. Zur Erläuterung diene *Bild 2.05.* Der Operationsverstärker stellt seinen Ausgang stets so ein, daß an beiden Eingängen genau das gleiche Potential herrscht. Angenommen, am positiven Eingang wird eine Spannung von U1 = 0,1 V eingespeist, dann tritt diese Spannung am Negativeingang ebenfalls auf. Am Widerstand R1 muß deshalb diese Spannung abfallen. Wenn aber an 1 kΩ 0,1 V abfallen, dann müssen an 10 kΩ zehnmal soviel, also 1,0 V abfallen. Die Ausgangsspannung muß demnach 1,1 V betragen. Dies ist 11mal soviel wie die Eingangsspannung. Folglich ist die Spannungsverstärkung (Voltage Gain)

$$v = \frac{R1 + R2}{R1} = \frac{R2}{R1} + 1.$$

Wir können also beim Operationsverstärker die Spannungsverstärkung weitgehend beliebig einstellen. Umgekehrt kann man sagen, daß die hohe Leerlaufverstärkung durch entsprechende Bemessung des Widerstandes 10 kΩ auf die vergleichsweise niedrige Betriebsverstärkung abgesenkt wird. Dieser Widerstand hat daher die Funktion einer Gegenkopplung. Das Gegenteil erreicht man, wenn man vom Ausgang einen Widerstand an den

Pluseingang legt. Durch eine solche Rückkopplung erreicht man eine sog. Hysterese, d. h. der Verstärker erhält ein gewisses Verharrungsvermögen, was bei Komparatorschaltungen ausgenutzt wird.
Sie haben bemerkt, daß zu dem einen oder andern Fachausdruck auch die englische Übersetzung beigefügt ist. Dies hat seinen Grund darin, daß ein Großteil der integrierten Schaltungen aus den USA kommt und daher meist nur Datenblätter in englischer Sprache erhältlich sind.
Durch ihre außerordentlich hohe Verstärkung neigen Operationsverstärker zum Schwingen (Selbsterregung). Aus diesem Grunde muß die Verstärkung für die hohen Frequenzen künstlich herabgesetzt werden, was durch RC-Glieder geschieht, die sog. Frequenzkompensation (Frequency Compensation). Diese muß umso wirksamer sein, je niedriger die Spannungsverstärkung eingestellt ist. Das bedeutet eine drastische Beschneidung des Frequenzbandes nach oben. Die bereits vom Hersteller kompensierten Typen mit interner Frequenzkompensation müssen für den ungünstigsten Betriebsfall ausgelegt sein, nämlich für $v = 1$. Sie haben daher eine niedrige Bandbreite, und der Spannungsabfall setzt z. B. beim Typ 741 C schon bei 10 Hz ein. Bei den nicht kompensierten Typen ist die jeweilige Kompensation im Datenblatt angegeben.
Die Frequenzkompensation bestimmt nicht nur das Verhalten bei höheren Frequenzen, sondern auch bei Impulsen und einmaligen Vorgängen. Als Kenngröße dient die Anstiegsgeschwindigkeit (Slew Rate) in V/µs und die Anstiegszeit (Risetime) in µs, die das Verhalten bei plötzlichen Spannungsänderungen, die Sprungantwort (Transient Response), beschreiben.
Eine weitere Besonderheit ist der Nullabgleich. Trotz aller Vorteile der monolithischen Integration bleiben doch winzige Unterschiede in den Kennwerten bestehen. Diese Toleranzen bewirken, daß am Ausgang nicht Null erscheint, wenn an den Eingängen Null herrscht. Den Fehler bezeichnet man als Fehlspannung oder Versatzspannung (Offset Voltage). Diese kann bei einigen Typen an nach außen geführten Anschlüssen durch ein

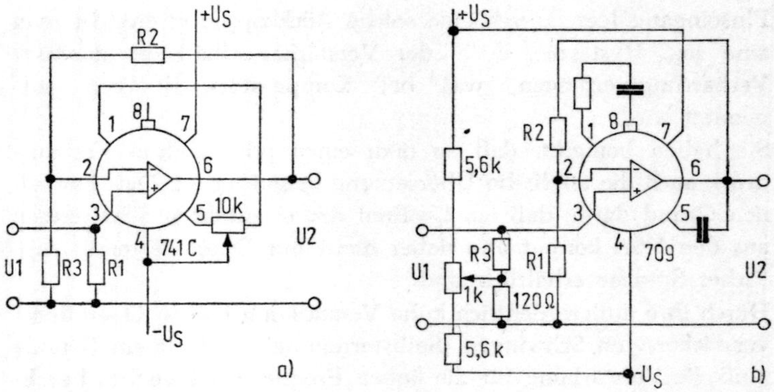

Bild 2.06 Nullabgleich von Operationsverstärkern
a Typ mit Anschlüssen für Abgleich (741)
b Typ ohne Anschlüsse für Abgleich (709)

Trimmpotentiometer abgeglichen werden. *Bild 2.06a* zeigt den Nullabgleich (Offset, Null, Offset Adjustment, Balance) für den Typ 741. Falls kein Nullabgleich vorgesehen ist, kann man diesen durch eine Kompensationsspannung bewirken, die in Reihe mit der Eingangsspannung geschaltet wird. *Bild 2.06b* zeigt ein Beispiel. Da die Versatzspannung positiv oder negativ sein kann, muß auch die Kompensationsspannung positiv oder negativ eingestellt werden können.

Es ist nicht nur die Versatzspannung, die kompensiert werden muß. Es können auch die beiden Eingangsströme (Bias Current) der ersten Stufe verschieden sein. Die Differenz dieser beiden Ströme heißt Versatzstrom oder Fehlstrom (Offset Current). Der Fehlstrom ruft an gleichen Eingangswiderständen einen unterschiedlichen Spannungsabfall hervor, der wieder als Fehler am Ausgang erscheint. Beide, Fehlstrom und Fehlspannung, werden im gleichen Abgleichvorgang kompensiert.

Trotz der mit dem Abgleich erreichten Genauigkeit ist man noch nicht zufrieden. Unser Verstärker zeigt zwar jetzt genau 0 V im Ruhezustand an, aber sobald er stärkeren Temperaturschwankungen ausgesetzt ist, fängt der Nullpunkt wieder an zu wandern.

Außer Fehlstrom und Fehlspannung sind im Datenblatt auch deren Drift (Input Offset Current Drift und Input Offset Voltage Drift) in nA/°C und µV/°C angegeben. Damit die Änderungen des Fehlstroms möglichst klein bleiben, sollten die maßgebenden Eingangswiderstände etwa gleich sein, wobei am invertierenden Eingang auch der Gegenkopplungswiderstand beachtet werden muß. In der Schaltung nach *Bild 2.07* sollte daher

$$R3 \approx \frac{R1 + R2}{R1 \cdot R2}$$

sein. Obwohl die Temperaturdrift auf den ersten Blick vernachlässigbar klein erscheint, so kann sie doch beachtliche Werte annehmen, wenn man in Rechnung setzt, daß sie um die Betriebsverstärkung vergrößert am Ausgang erscheint. Ferner gelten die Werte des Datenblatts nur für ein einziges Grad. Aber schon bei Geräten, die für Benützung in Gebäuden vorgesehen sind, muß man wenigstens einen Bereich von 20 Grad (+10 . . . +30 °C) vorsehen, während es im Freien (z. B. in Kraftfahrzeugen) leicht 90 Grad werden können (—20 . . . +70 °C). Der 741 C hat einen typischen Temperaturbeiwert von 3 µV/°C, der im ungünstigsten Fall auf 30 µV/°C ansteigen kann. Wenn der Verstärker mit einer Betriebsverstärkung von 100 betrieben wird, dann bewirkt eine Temperaturänderung von 20 °C eine Änderung der Versatzspannung von 30 µV/°C · 20 °C · 100 = 60 mV oder 0,06 V, ein sehr beachtlicher Wert.

Es gibt noch zahlreiche weitere Kenngrößen. Ein gutes Datenblatt besteht aus 4 Seiten mit Kennwerten und Diagrammen. Um sie alle zu verstehen, muß man sich etwas einlesen. Das vorliegende Kapitel kann nur eine kleine Einführung sein.

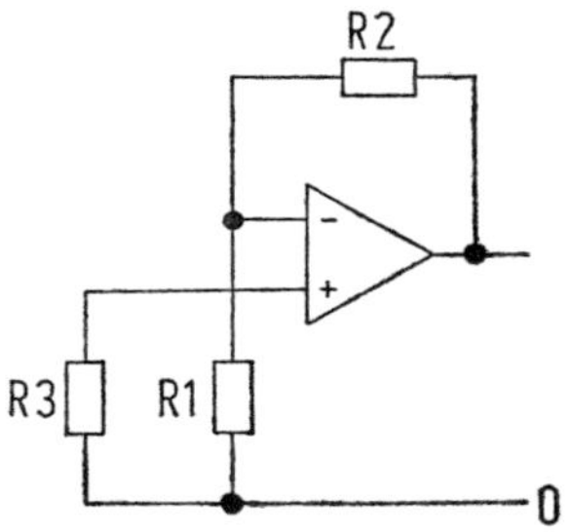

Bild 2.07 Für die Temperaturdrift maßgebliche Widerstände

2.3 Schaltbeispiele

Ein Großteil elektronischer Schaltungen kann mit Operationsverstärkern ausgeführt werden und zeitigt dann bessere Ergebnisse als mit diskreten Halbleitern. Aus diesem Grunde sind die Anwendungsbeispiele so zahlreich, daß hier nur wenige grundsätzliche Schaltungen angeführt werden können.

In *Bild 2.08* sind der invertierende (a) und der nichtinvertierende (b) Verstärker einander gegenübergestellt. Es handelt sich natürlich in beiden Fällen um das gleiche Bauelement, nur die Eingänge sind verschieden beschaltet. Beim invertierenden Betrieb liegt das Signal zwischen dem invertierenden Eingang 2 und 0 und erscheint mit umgekehrtem Vorzeichen am Ausgang, was im Schaltbild durch ein Minuszeichen angedeutet ist. Im Gegensatz zu der auf Seite 26 angeführten Gleichung ist für die Spannungsverstärkung das Verhältnis $v = \frac{R2}{R4}$ maßgebend.

Wenn Sie sich vor Augen halten, daß der Operationsverstärker an beiden Eingängen das gleiche Potential einstellt sowie daß am Positiveingang 3 Nullpotential (über R3) anliegt, können Sie die

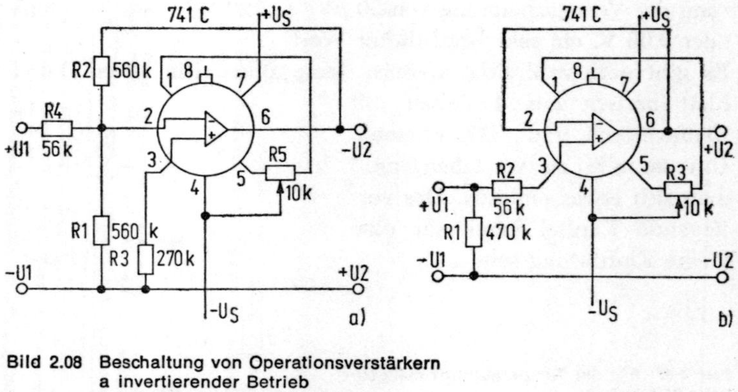

Bild 2.08 Beschaltung von Operationsverstärkern
a invertierender Betrieb
b nichtinvertierender Betrieb

oben angeführte Gleichung leicht verstehen. Wenn an Eingang 3 und daher auch an Eingang 2 Nullpotential herrscht, kann am R1 keine Spannung abfallen, so daß er für die Verstärkung keine Rolle spielt. Für die Bemessung nach Bild 2.08 errechnet sich dann eine Verstärkung v = 10.

Beim nichtinvertierenden Verstärker *(Bild 2.08b)* wurde der Ausgang unmittelbar mit dem Eingang verbunden, so daß der Verstärker mit der Spannungsverstärkung 1 arbeitet, also als reiner Impedanzwandler wirkt. R2 dient als Schutzwiderstand bei Übersteuerung. R1 dient dazu, den Verstärker an das Nullpotential anzuschalten, wenn sein Eingang nicht angeschlossen ist, beispielsweise bei Verwendung als Meßverstärker. Ohne R1 würde sich der Verstärkerausgang auf irgendeine Spannung einstellen. Unmittelbar an den Ausgang 3 angeschlossen würde R1 mit R2 einen Spannungsteiler für die Eingangsspannung U1 bilden, so daß die Gesamtverstärkung kleiner als 1 werden würde. Wenn R1 so geschaltet ist wie in Bild 2.08b, addiert er sich zu R2 als Ableitwiderstand. Der Ableitwiderstand ist nach oben begrenzt. Der Operationsverstärker 741 C hat z. B. einen Eingangsstrom von max. 500 nA, der an 470 kΩ + 56 kΩ = 526 kΩ einen Spannungsabfall von etwa 270 mV verursacht und auf den sich der Verstärkerausgang einstellt. Mit dem Nullabgleich kann ein kleiner Spannungsabfall ausgeglichen werden, aber beileibe keine 270 mV. Wenn man also auf ein genaues Nullpotential im Ruhezustand Wert legt, wird man bei Exemplaren mit hohem Eingangsstrom (der durchschnittliche Eingangsstrom beträgt nur etwa 200 nA) R1 kleiner bemessen müssen.

Den Nachteil des niedrigen Eingangswiderstandes möchte man vor allem bei Anwendung als Instrumentenverstärker umgehen. *Bild 2.09,* Seite 32 zeigt zwei Schaltbeispiele. Die Schaltung a zeigt einen Operationsverstärker mit Super-Beta-Transistor (Beta = Stromverstärkung) am Eingang. Er ermöglicht Ableitwiderstände in der Größenordnung von 10 MΩ. Die beiden Z-Dioden dienen als Übersteuerungsschutz am Eingang. C1 ist zur Frequenzkompensation vorgesehen. Der Verstärkertyp hat keinen Anschluß zum Nullabgleich. Man muß entweder R1 oder den einen

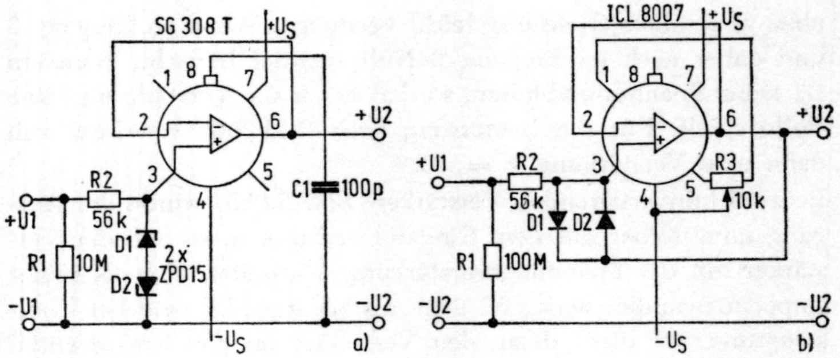

Bild 2.09 Operationsverstärker als Meßverstärker
a Typ mit Super-Beta-Eingangsstufe
b Typ mit FET-Eingangsstufe

Pol der Eingangsspannung an einen Spannungsteiler nach Bild 2.06 legen.

In der Schaltung 2.09b wurde ein Operationsverstärker mit FET-Eingang verwendet, der einen maximalen Eingangsstrom von 50 pA aufweist. Der Ableitwiderstand von 100 MΩ ist kaum realisierbar, da die Oberflächen der Leiterplatte und der Bauteile schon bei geringer Luftfeuchte sehr viel niederohmiger sind als 100 MΩ.

Man wird, wenn man derartig hochohmige Eingänge wünscht, auf den Ableitwiderstand verzichten. Bei elektronischen Voltmetern beispielsweise kann man deshalb beobachten, wie sie bei unbeschaltetem Eingang „hochlaufen". Der Reststrom der Schutzdioden ist weit größer als der Eingangsstrom des Verstärkers, so daß die guten Eigenschaften der Schaltung bei konventioneller Anschaltung durch die Dioden verschlechtert werden würden. Die Schutzdioden sind deshalb mit dem Ausgang verbunden. Bei einer Spannungsverstärkung von 1 liegen Eingang und Ausgang auf genau gleichem Potential. Wenn aber an den beiden Schutzdioden keine Spannung liegt, kann auch kein Strom fließen.

Es fällt auf, daß beide Verstärker als Spannungsfolger mit $v = 1$ geschaltet sind. In einer nachgeschalteten Stufe kann mit einem

Bild 1. Aufgeschnittener Leistungstransistor und Transistoren in Miniaturplastikgehäuse für Hybridschaltungen; stehend ein normaler Transistor (Siemens Pressebild)

Tafel 1

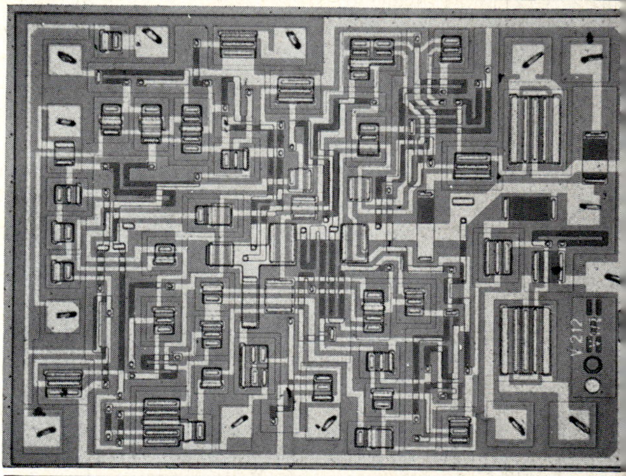

Bild 2. Silizium-Chip einer integrierten Schaltung unter dem Mikroskop (Valvo Pressebild)

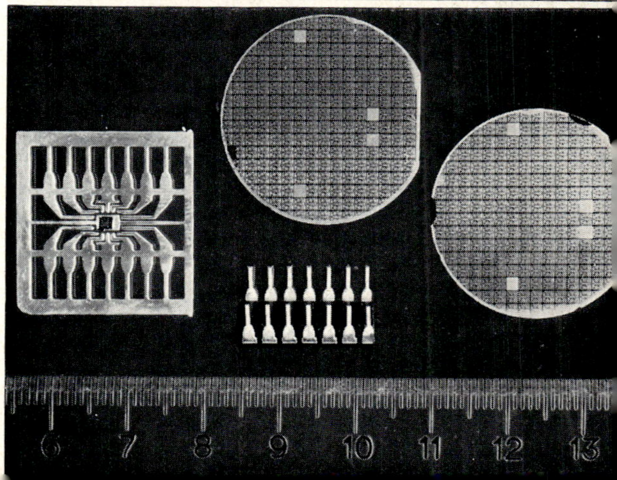

Bild 3. Integrierte Schaltungen entstehen gleichzeitig in größerer Zahl auf einer Siliziumscheibe (rechts), werden zu einzelnen Chips zerbrochen und kontaktiert (links) und schließlich in ein Gehäuse eingegossen (unten) (Siemens Pressebild)

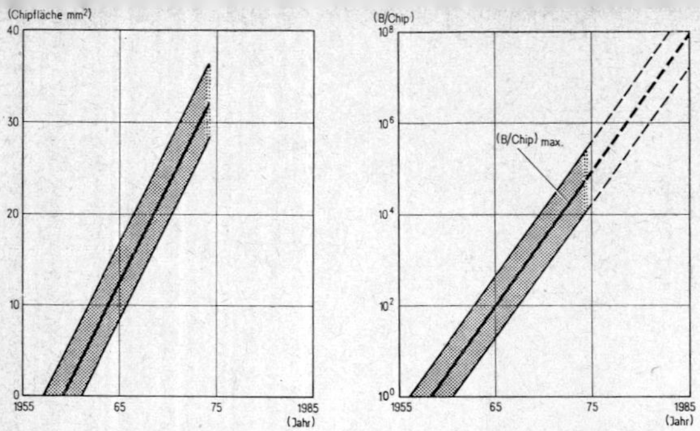

Bild 4. Das Wachstum integrierter Schaltungen; heute steht man bei Chip-Flächen von 40 mm² und einer Integrationsdichte von mehr als 30 000 Bauelementen pro Chip (nach Siemens-Unterlagen)

Bild 5. Integrierte Schaltungen im Metallgehäuse, im Dual-In-Line-Plastikgehäuse und in der Flachpackung (Siemens Pressebild)

Tafel 2

Bild 6. Sonderschaltungen machen oft besondere Gehäuse notwendig, wie dieser Uhrenschaltkreis im Metallkeramikgehäuse (links); rechts vorne ein achtpoliges DIL-Steckgehäuse (Foto Verfasser)

Bild 7. Nicht das eigentliche Bauteil, sondern der Anwender bestimmt oft die Größe integrierter Schaltungen; in einem für grobe Menschenhände riesigen Gehäuse befindet sich ein winziges Chip (Texas Instruments Pressebild)

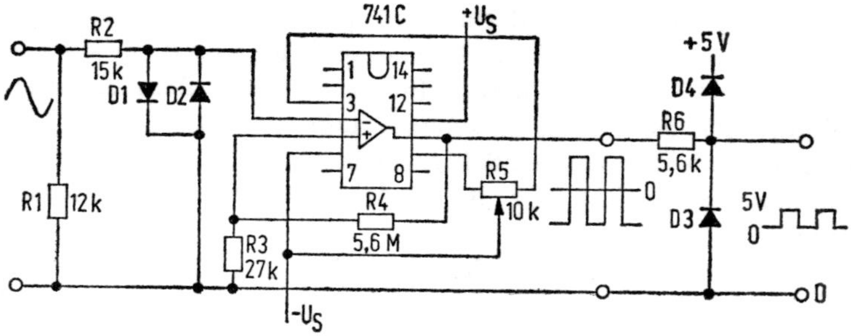

Bild 2.10 Impulsformer

Verstärker mit kleiner Drift das Signal verstärkt werden. Diese Lösung ist meist billiger, als wenn man an einen Verstärker gleich zwei besondere Forderungen stellt, nämlich extrem niedrigen Eingangsstrom und niedrige Drift.

Eine andere wichtige Anwendung eines Operationsverstärkers ist die als Impulsformer nach *Bild 2.10.* Man nützt dabei die außerordentlich hohe Verstärkung dieser Bauteile aus. Der Typ 741 C — hier im Steckgehäuse — mit einer Spannungsverstärkung von 20 000 benötigt zur Aussteuerung höchstens 1 mV, da der Verstärker ohne Gegenkopplung arbeitet und die Betriebsverstärkung gleich der Leerlaufverstärkung ist. D1 und D2 dienen wieder als Übersteuerungsschutz. Infolge der hohen Betriebsverstärkung würde der Ausgang im Ruhezustand durch Wärmeeffekte und Rauschen schwingen. Aus diesem Grund ist der Rückkopplungswiderstand R4 eingeschaltet, der dem Verstärker eine Hysterese (Beharrungsvermögen) verleiht. Dies bedeutet auch gleichzeitig, daß dadurch das Eingangssignal etwas höher sein muß als 1 mV. Man sieht deutlich, daß ein beliebiges Signal, sei es eine Sinusspannung oder ein verwaschener Impulszug, zu scharfen Rechteckimpulsen umgeformt wird, da der Verstärker sofort in die positive oder negative Sättigung getrieben wird. Entsprechend ist auch die Amplitude der Ausgangsimpulse, die um 1—2 V von der Speisespannung abweicht, wie beim mittleren

Impulszug angedeutet. Möchte man jedoch einen definierten Impuls erzeugen, dann verwendet man die nachgeschaltete Klemmschaltung (Clamping Circuit). Im gezeichneten Beispiel unterdrückt D3 die negativen Impulse und „klemmt" sie an die Nullinie als Bezugspotential an. Die Diode D5 begrenzt die Impulse auf etwa 5 V, z. B. zur Ansteuerung von Digitalschaltungen.

Ein Operationsverstärker, der ohne Gegenkopplung mit seiner vollen Leerlaufverstärkung betrieben wird, kann außer als Impulsformer auch als Schwellwert-Schalter (Schmitt-Trigger), Relaisverstärker und Spannungsvergleicher (Komparator) angewendet werden. Man nutzt wieder die Tatsache aus, daß der Verstärker infolge seiner hohen Spannungsverstärkung praktisch nur zwei Schaltzustände kennt und sich entweder in der positiven oder negativen Sättigung befindet. Da ein durchschnittlicher Operationsverstärker nur etwa 5 mA abgeben kann, ist eine direkte Ansteuerung eines Relais nicht möglich, sondern es muß noch ein Transistor als Schaltverstärker dazwischengeschaltet werden.

2.4 Der programmierbare Operationsverstärker

Der programmierbare Operationsverstärker, von RCA erstmals als OTA (Operational Transconductance Amplifier) vorgestellt, ist eine Weiterentwicklung des normalen Operationsverstärkers. Der wesentliche Unterschied besteht darin, daß sich beim OTA über einen besonderen, dritten Steuereingang wichtige Eigenschaften des Verstärkers beeinflussen lassen, vor allem der Eingangswiderstand, die Verstärkung, der Ausgangsstrom und die Leistungsaufnahme. Das Ausgangssignal kann also differentiell (symmetrisch) über die beiden Spannungseingänge 2 und 3 (invertierender und nichtinvertierender Eingang) mit einer *Spannung* und/oder über den unsymmetrischen Vorstromeingang 5 mit einem *Strom* gesteuert werden. Vor allem kann die Verstärkung, die beim normalen Operationsverstärker nur über das Widerstandsverhältnis des Gegenkopplungsnetzwerkes einstellbar ist, beim OTA durch

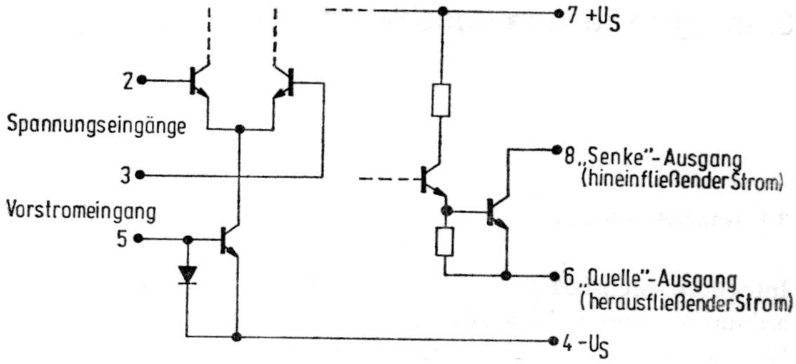

Bild 2.11 Eingang und Ausgang des programmierbaren Leistungsschalters CA 3094

den dritten Steuereingang festgelegt werden. Besonders in Schaltungen, in denen die Verstärkung veränderbar sein soll, z. B. zur Konstanthaltung von Amplituden, bedeutet dies eine Erleichterung beim Schaltungsentwurf. Auch der zusätzliche Steuereingang eröffnet zahlreiche schaltungstechnische Möglichkeiten, etwa bei einem Schwellwertdetektor für *zwei* Schwellspannungen.
Eine weitere Besonderheit bietet der programmierbare Leistungsverstärker, der gegenüber dem einfachen OTA eine Darlington-Endstufe aufweist, deren Emitter- und Kollektoranschlüsse herausgeführt sind *(Bild 2.11)*. Dadurch erreicht der ausnutzbare Hub nahezu die Potentiale der Speisespannung. Mit anderen Worten bedeutet dies, daß für den Betrieb eine einzige Speisespannung ohne das sonst notwendige mittlere Nullpotential genügt. Die zahlreichen denkbaren Anwendungsfälle sind in verschiedenen Anwendungsberichten und Veröffentlichungen erwähnt.

3. Integrierte Analogschaltungen

3.1 Transistor-Arrays

Integrierte Mehrfach-Transistoren oder Arrays (engl. Array = Anordnung) vereinen die schaltungstechnische Freizügigkeit diskreter Bauelemente mit den Vorzügen der Integration, nämlich gute Paarungseigenschaften, enge thermische Kopplung (thermischer Gleichlauf) und geringer Platzbedarf. Auch hier ist das Marktangebot groß und vergrößert sich laufend. Gepaarte npn- und pnp-Transistoren, Differenzverstärker, auch mit Konstantstromquelle, Darlington- und Super-Beta-Eingang, Treiber für Digitalanzeigen, komplementäre MOS-Feldeffekttransistoren u. ä. sind nur einige Beispiele. Ähnlich vielseitig sind auch die Einsatzmöglichkeiten. Bisweilen ergibt sich im Vergleich zu vollständigen integrierten Schaltungen bei den Arrays auch eine Verbilligung.

3.2 Spannungsregler

Integrierte Spannungsregler bestehen aus einer Referenzspannungsquelle, einem Regelverstärker und einem Stellglied (Längstransistor). Die integrierte Referenzspannungsquelle liefert eine Bezugsspannung von etwa 7 V mit einer geringen Temperaturdrift. Referenzspannung und Sollspannung (Ausgangsspannung) werden einem Differenzverstärker zugeführt, der das Stellglied entsprechend den Abweichungen steuert. Durch eine entsprechende Gegenkopplung, die entweder intern vorhanden (Spannungsregler mit fester Ausgangsspannung) oder von außen zugeschaltet werden muß, wird die Höhe der Ausgangsspannung bestimmt. Verschiedene Typen weisen außerdem die Möglichkeit der Strombegrenzung auf. Überhaupt ist eine große Typenvielfalt festzustellen, die sich durch feste und veränderbare oder einstellbare Ausgangsspannung, durch die Genauigkeit, durch die maximale und minimale Ausgangsspannung, durch die Leistung, durch die schaltungstechnischen Möglichkeiten, wie Regelung positiver und negativer Spannungen, und dergleichen unterscheiden. Qualitätskriterium einer Stabilisierungsschaltung ist in erster Linie der Innenwiderstand. Wird eine Stromquelle belastet, dann sinkt deren Ausgangsspannung etwas ab. Diese Spannungsänderung geteilt durch den Laststrom bezeichnet man als Innenwiderstand. Der Ausgleich von Schwankungen der Versorgungsspannung (Netzspannung) ist schaltungstechnisch meist einfacher, und in dieser Hinsicht gelingt die Stabilisierung normalerweise um eine Größenordnung genauer als hinsichtlich des Ausgleichs von Lastschwankungen.

Trotz des breiten Angebots sind die idealen Spannungsregler noch nicht auf dem Markt. Entweder sind sie zu teuer, oder sie weisen verschiedene Nachteile auf, wie zu geringe Genauigkeit, Ausgangsspannung nicht durchgehend veränderbar von Null bis $U2_{max}$, ungenügende Spannungsfestigkeit (bei hohen Ausgangs-

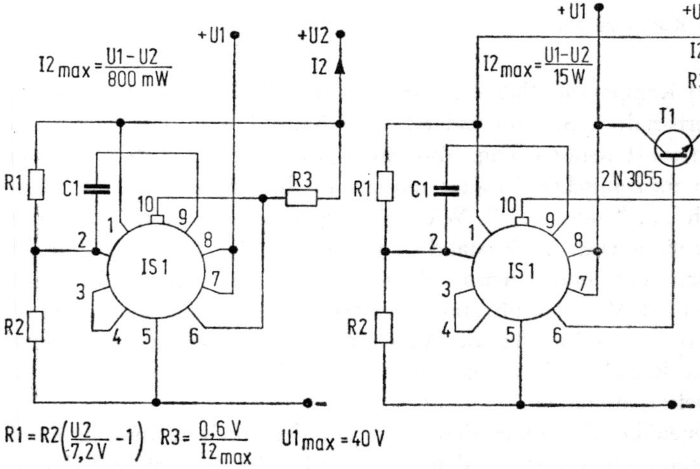

Bild 3.01 Schaltbeispiele für den integrierten Spannungsregler 723 C

spannungen muß die Versorgungsspannung vorstabilisiert werden), sehr oft schaltungstechnische Schwierigkeiten bei der Regelung negativer Spannungen u. ä. Sofern man nicht alle Möglichkeiten des Bauelements ausnützt, z. B. die etwa vorhandene Strombegrenzung, kommt man mit einer diskreten Schaltung häufig billiger zum Ziel. Es besteht jedoch die Aussicht, daß sich hier noch einiges ändert.
Bild 3.01 zeigt zwei Schaltbeispiele (die Applikationsschriften weisen bis zu 14 Schaltbeispiele auf) eines der preiswertesten Spannungsregler auf. Beide Schaltungen ermöglichen eine Ausgangsspannung zwischen 7 und 37 V, die durch das Widerstandsverhältnis von R1 und R2 einstellbar ist. Man wählt R2 beliebig mit einigen Kiloohm und bestimmt dann R1 nach der angegebenen Gleichung. Ebenso wird der Widerstand R3 zur Begrenzung des höchstzulässigen Ausgangsstromes I_{max} nach der Gleichung festgelegt. Der maximale Laststrom richtet sich nach der Type von T1, dessen Kühlung und dem Verhältnis von U1 und U2. Die im Transistor umgesetzte Leistung ist I (U1—U2). Weitere Schaltbeispiele findet man in den Datenblättern.

3.3 Komparatoren

Ein Komparator (lat. comparare = vergleichen) ist ein Schwellwertschalter, Spannungsdetektor, Schmitt-Trigger oder wie man ihn sonst nennen mag, also ein elektronischer Schalter, der wie ein mechanischer Schalter nur zwei Schaltzustände kennt, nämlich „aus“ oder „ein“. Wie beim Operationsverstärker führt der Ausgang auch im Zustand „aus“ noch einige hundert Millivolt Spannung, und ebenso fehlen im Zustand „ein“ noch einige hundert Millivolt bis zum Potential der Speisespannung. Einige Typen sind für digitale Anwendungen vorgesehen und liefern eine logische „Eins“, also etwa 5 V auch bei wesentlich höheren Speisespannungen.
Gegenüber dem Operationsverstärker, der durchaus auch als Komparator eingesetzt werden kann, weist der Schwellwertschalter folgende Vorteile auf: Er ist schneller als viele (billige) Ver-

stärker. Seine Übertragungskennlinie verläuft steiler (in der Gegend des Umschaltpunktes gerät er nicht ins Schwingen). Er erspart eine zusätzliche Begrenzerschaltung (bei Typen für Digitalanwendungen). Er erspart eine Torschaltung (Gatter; bei Typen mit Strobe-Eingang). Er kann Lampen und Relais unmittelbar ansteuern (bei Typen mit Leistungsausgang).
Der Spannungsvergleicher kann in Steuer- und Regelschaltungen aller Art eingesetzt werden, in denen nur die beiden Zustände „aus“ und „ein“ wichtig sind (also beispielsweise als Verstärker in Lichtschranken, jedoch nicht in einem Lux-Meter oder Belichtungsmesser). Ein Schaltungsbeispiel können wir uns für dieses einfache Bauelement sparen, da es keine Besonderheiten bietet.

3.4 NF-Verstärker

Integrierte NF-Verstärker finden das besondere Interesse elektronisch gebildeter Musikliebhaber, da diese Schaltungen in hohem Maße das elektronische Hobby mit der praktischen Anwendbarkeit vereinen. Infolgedessen ist auch das Angebot an monolithisch integrierten, hybriden und diskreten Verstärkerbausätzen überaus reichhaltig. Integrierte NF-Verstärker werden mit Ausgangsleistungen bis derzeit etwa 100 Watt angeboten, wobei eine Anzahl von Bauelementen, die sich schlecht für die Integration eignen, von außen zugeschaltet werden müssen. Insgesamt ist aber der Aufwand an Bauteilen sehr gering und damit auch die Größe der Leiterplatte, was wiederum die Fehlermöglichkeiten einschränkt. Verstärker für Leistungen bis etwa 10 Watt gibt es vorwiegend in monolithischer Form, was einen niedrigen Preis ermöglicht. Allerdings ist ein geschickter Aufbau Voraussetzung. weil sonst wilde Schwingungen und Kopplungen auftreten.
Sehr viel problemloser sind dagegen die Hybridverstärker, die besonders vom Ausland her in zunehmendem Maße auf den Markt kommen und hervorragende Eigenschaften mit günstigem Preis vereinen. Allerdings sind die mitgelieferten Datenblätter oft etwas schwer lesbar.

4. Einführung in die Digitaltechnik

4.1 Analog- und Digitalschaltungen

Es hilft leider nichts: Wer mit einem Digitalbaustein umgehen möchte, muß das Datenblatt lesen können. Dabei genügt es nicht, daß man die Begriffe notdürftig kennt, sondern man sollte auch wissen, was sie wirklich bedeuten und was hinter ihnen steckt. Eine kurze Abschweifung in die graue Theorie ist deshalb unumgänglich.

Das englische Wort *digit* stammt vom Lateinischen digitus = Finger und bedeutet Ziffer. Die veränderte Bedeutung des englischen Wortes läßt sich leicht erklären, da Kinder und Naturvölker mit den Fingern zählen. Wenn man sich nun noch vor Augen hält, daß jedes Stück — entweder Finger oder Steine auf einem Rechenbrett — eine Ziffer bedeutet, dann kann man sich auch unter der *Digitaltechnik* etwas vorstellen. Dort bedeutet nämlich jeder Impuls eine Ziffer.

Die althergebrachte Analogtechnik benutzt veränderliche physikalische Größen, eine Gleichspannung wird vom Zeiger eines Voltmeters angezeigt, oder auf der Skale einer Waage kann man das Gewicht ablesen. Die Impulse der Digitaltechnik kann man nicht sehen. Man muß sie deshalb zählen und das Ergebnis durch Ziffern anzeigen. Das ist natürlich ein aufwendiges Verfahren. Aber dafür ist das Ergebnis sehr viel genauer. In modernen Meßgeräten kann man den Wert einer Meßgröße auf 5 oder 10 Stellen genau ablesen (siehe Foto *Bild 13, 14 und 15, Tafel 4),* ein Rechenergebnis wird bereits von einem Taschenrechner mit wenigstens 8 Stellen angezeigt. Da nehmen sich die 2 oder bestenfalls 3 Stellen, die man mit Mühe von einem Zeigerinstrument abliest, sehr bescheiden aus! Außerdem muß man beim Zeigerinstrument noch den eingeschalteten Meßbereich beachten,

also die Kommastelle, die von einem Digitalmeßinstrument zweifelsfrei angezeigt wird.
Der Aufwand in der Digitaltechnik lohnt sich also schon, was die Genauigkeit, Fehlersicherheit (hinsichtlich der Bedienungsperson) und die Bequemlichkeit anbetrifft. Er ist aber auch vielfach unumgänglich. Was früher ein Lebenswerk war, etwa eine Logarithmentafel auszurechnen, leistet heute ein Taschenrechner in wenigen Minuten. Ich möchte nicht behaupten, daß wir ohne Rechenmaschinen noch in der Postkutsche führen, aber der technische Fortschritt wäre ohne diese Giganten der Digitaltechnik ganz entschieden langsamer und unser Lebensstandard niedriger.

4.2 Das Zweiersystem

Sie wissen, daß es außer unserem gewohnten Zehnersystem auch noch andere Zahlensysteme gibt, etwa das Zwölfersystem, das sich von den alten Sumerern bis in unsere Zeit gehalten hat. Wir wenden es ganz selbstverständlich z. B. in der Zeitmessung an. In der Digitaltechnik ist das Zweiersystem üblich. Viele Bauelemente und Baugruppen kennen bekanntlich zwei Zustände oder Schaltstellungen, ein Schalter kann offen oder geschlossen sein, eine Leitung kann Strom führen oder nicht, eine Lampe kann leuchten oder dunkel sein. Natürlich sind auch Zwischenstufen denkbar, aber schon ein Schalter mit drei Stellungen ist eine seltene Sonderkonstruktion. Und gesetzt den Fall, Sie stünden bei Sonnenschein vor einer Verkehrsampel und man verlangte von Ihnen, daß Sie nicht nur dunkle und leuchtende, sondern auch noch mit halber Helligkeit leuchtende Farbscheiben erkennen, dann wären Sie zweifellos überfordert.
Nun darf man eine Maschine nicht mit dem menschlichen Auge vergleichen. Aber Sie sehen sicherlich ein, daß 2 Schaltzustände technisch leichter zu verwirklichen sind als 3 oder mehr. Aus diesem Grunde arbeitet man in der Digitaltechnik mit dem Zweiersystem, das auch *duales Zahlensystem* heißt. „Dual“ bedeutet soviel wie „zwei enthaltend“, „binär“ bedeutet „nur zweier Werte fähig“. Die beiden Ausdrücke werden gern ver-

wechselt. Also: Das duale Zahlensystem besteht aus den Binärziffern 0 und 1! Diese Binärziffern entsprechen den binären Zuständen eines Signals, z. B. 1 bedeutet *Spannung vorhanden,* 0 bedeutet *keine Spannung vorhanden.* Die angelsächsische Literatur verwendet auch die Bezeichnungen *L für 0* (Low = niedrig) und *H* für 1 (High = hoch). Die bisweilen anzutreffenden Bezeichnungen *0* und *L* werden in dieser Kombination nicht empfohlen.

Und wie schreibt man nun eine Dualzahl? Wie im Zehnersystem, nur eben mit weniger Ziffern. Wir sind gewohnt, von 0 bis 9 zu zählen, und wenn der Zehner voll ist, geht man auf die nächste Stelle über. Genau so geht es im Zweiersystem. Man zählt von 0 bis 1, dann kommt die nächste Stelle dran. Also:

Dezimal	Dual
0	0
1	1
2	10
3	11
4	100
5	101
6	110
7	111
8	1000
9	1001

Gleichzeitig sehen Sie aus der Tabelle, daß die Stellenzahl der Dualzahlen mit den Hochzahlen von 2 zusammenhängt. Jedesmal, wenn die Dezimalzahl einer Zweierpotenz entspricht, wird die Dualzahl um eine Stelle größer. Man kann daher auch schreiben:

Zweierpotenz	Dezimalzahl	Dualzahl
2^0	1	1
2^1	2	10
2^2	4	100
2^3	8	1000
2^4	16	10000

An dieser Stelle sollten Sie auch eine neue Maßeinheit kennen-

lernen, nämlich das *bit*, eine Abkürzung von englisch *binary digit* (zweiwertige Ziffer). Es ist das Kurzzeichen für die Einheit, mit der die Anzahl von Binärentscheidungen gemessen wird. Haben Sie's verstanden? Ich auch nicht! Es ist die Maßeinheit für den Informationsinhalt, also die Anzahl Stellen einer Dualzahl. Beispielsweise kann ein vierstelliger Zähler bis 16 zählen, strenggenommen bis 15, denn bei 16 steht er wieder in Stellung 0000, also auf Null. Diese 4 Stellen haben einen Informationsinhalt von 4 bit. Eine Folge von 8 Impulsen, eine Gruppe von 8 Datenbits, nennt man ein *Byte* (gesprochen *bait*). Mit 1 Byte kann man zwei einstellige Dezimalzahlen oder ein alphanumerisches Zeichen (Buchstaben) darstellen.
Und was haben nun diese ungewohnten Dualzahlen mit der Elektronik zu tun? Sehr viel, und die Zusammenhänge sind gar nicht so schwer, wie Sie gleich sehen werden. Dazu benötigt man nur ganz einfache Schaltungen. Eine Schaltung, der vierstellige Zähler, wurde schon erwähnt. Aber so recht verstehen können Sie ihn natürlich noch nicht.

4.3 Flip-Flops

Stellen Sie sich 2 Transistoren vor, die nach *Bild 4.01* miteinander verschaltet sind. Wir nehmen an, der linke Transistor T1 sei gerade leitend. Dann entsteht an seinem Kollektorwiderstand R1 infolge des durchfließenden Stromes ein Spannungsabfall, der das Kollektorpotential (die Spannung zwischen Kollektor und Minus) gegen Minus verschiebt. Zwischen

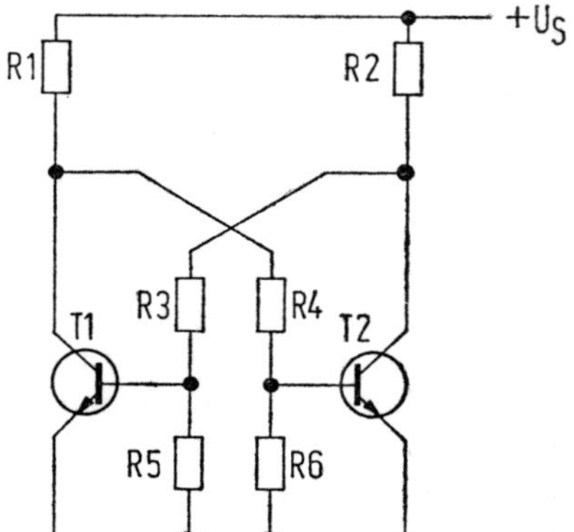

Bild 4.01 Grundschaltung einer bistabilen Kippstufe

Emitter und Kollektor besteht dann nur noch die Kniespannung von etwa 0,2 V. Dadurch ist dann das Basispotential von T2 so stark negativ, daß T2 gesperrt ist. Durch R2 kann kein Strom fließen, und der Spannungsteiler R3/R5 liegt an Plus, so daß T1 weiterhin leitend bleibt.

Legt man nun kurzzeitig an die Basis von T2 eine genügend hohe positive Spannung, dann kehrt sich die Geschichte um. Durch R2 fließt Strom, es entsteht ein Spannungsabfall, der Basisspannungsteiler R3/R5 wird negativer, dadurch auch das Basispotential von T1, und dieser wird gesperrt. T1 bleibt auch dann noch gesperrt, wenn die positive Spannung von T2 wieder unterbrochen wird.

Haben Sie etwas gemerkt? Eine elektronische Schaltung mit einem „Gedächtnis"! Die Schaltung kann sich nämlich unendlich lange merken, welcher von den beiden Transistoren zuletzt einen positiven Impuls erhalten hat. Da dieses Gedächtnis — in der Regel sagt man *Speicher* dazu — für die ganze Digitalelektronik von grundlegender Bedeutung ist, sollten Sie diesen Abschnitt so oft durchlesen, bis Sie die Funktion der Schaltung wirklich verstanden haben.

Die Schaltung kennt demnach zwei Zustände: T1 leitend und T2 gesperrt oder umgekehrt. Ein entsprechender Impuls bringt die Schaltung in die Gegenlage, sie „kippt". Sie heißt daher auch *Kippschaltung* oder, weil man an eine Wippe denkt, *Flip-Flop*. Da sie zwei stabile Stellungen hat, nennt man sie *bistabile* Kippschaltung.

Wir ersetzen nun einen der Widerstände R3 oder R4 durch einen Kondensator, siehe *Bild 4.02*. Was geschieht nun? Da der Kondensator keine Gleichspannung durchläßt, liegt an der Basis von T2 Minuspotential, und der Transistor ist gesperrt. Erhält T2 nun einen kurzen, positiven Impuls, dann wird wie beim bistabilen Flip-Flop T2 leitend und T1 gesperrt. Nach Beendigung des Impulses kippt die Schaltung nicht sofort wieder zurück. Der Kondensator sperrt zwar Gleichstrom, aber Impulse läßt er sehr wohl passieren. Da das Kollektorpotential an T1 schlagartig positiv geworden ist, wirkt diese Änderung wie ein Impuls, der an

Bild 4.02 Grundschaltung einer monostabilen Kippstufe

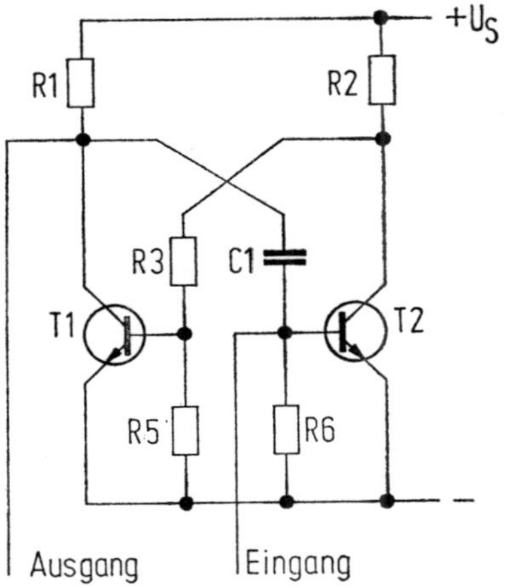

die Basis von T2 gelangt und den Transistor weiterhin leitend erhält. Wenn sich am Kollektor von T1 nichts mehr ändert, dann kann mit der Zeit auch nichts mehr über den Kondensator fließen. Der Ausdruck „mit der Zeit" ist natürlich sehr ungenau. In der Praxis sind aber die Verhältnisse genau so fließend. Der Impuls hört nämlich nicht schlagartig auf, sondern der Kondensator beginnt sich nach einer e-Funktion umzuladen, so daß die Spannung an der Basis von T2 ganz allmählich negativer wird. Hat die Basis-Spannung einen ganz bestimmten Punkt, das sind etwa 0,5 V, erreicht, dann fällt T2 wieder in den gesperrten Zustand zurück, T1 wird leitend, die Schaltung kippt.

Das Besondere an dieser Schaltung ist demnach, daß sie von alleine in die Ausgangslage zurückkippt und dazu keinen Impuls benötigt. Die Zeitspanne bis zum Zurückkippen ist von der Ladedauer des Kondensators abhängig, also von dessen Kapazität und den verschiedenen Widerständen. Diese Schaltung hat nur eine einzige stabile Lage, sie heißt daher *monostabile* Kippschaltung oder kurz Mono-Flop. Während die bistabile Kippschaltung als Speicher benutzt werden kann, ist die monostabile Kippschaltung als Zeitgeber geeignet.

Unser Flip-Flop hat leider noch einen großen Nachteil. Es muß immer einer aufpassen, welcher Transistor gerade leitend ist, damit der nächste Schaltimpuls auch wirklich die Schaltung zum Kippen bringt. Viel einfacher wäre, wenn die Schaltung in jedem Falle kippen würde, sobald sie von einem positiven Impuls be-

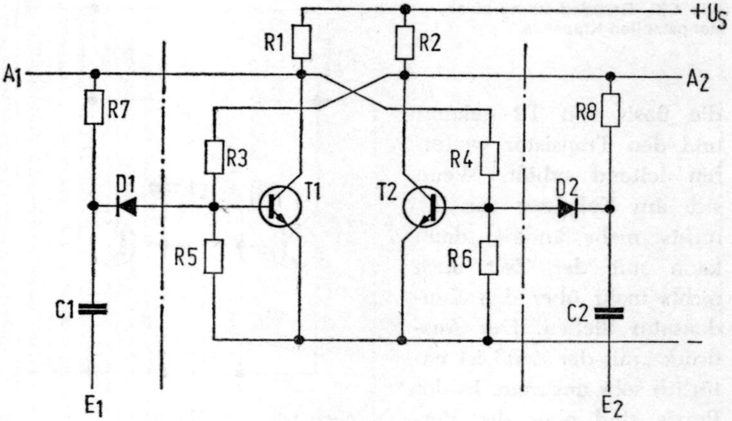

Bild 4.03 Bistabile Kippstufe mit dynamischen Eingängen

aufschlagt wird. *Bild 4.03* zeigt ein solches Beispiel. Allerdings wird hier mit negativen Impulsen gearbeitet. Im Grunde genommen ist es nämlich gleichgültig, ob man mit einem positiven Impuls den gesperrten Transistor leitend macht oder mit einem negativen Impuls den leitenden Transistor sperrt. Verbindet man die beiden Eingänge E1 und E2 miteinander, dann kippt die Schaltung bei jedem negativen Impuls in die Gegenlage. Das funktioniert so:

Angenommen, T1 sei leitend. Dann herrschen an seiner Basis etwa 0,5 V. Ein negativer Impuls kann deshalb nicht nur den Kondensator C1 passieren, sondern auch die Diode D1. Dadurch wird T1 gesperrt. Die Diode D2 hingegen kann der Impuls nicht passieren. Der Widerstand R8 liegt, da T2 gesperrt ist, an Plus, während R4 nahezu auf Minuspotential liegt. D2 ist also in Sperrichtung vorgepolt. Erst wenn die Impulsspannung größer wäre als die Speisespannung, könnte ein negativer Impuls an die Basis von T2 gelangen. Infolgedessen wird das Umschalten von T2 durch den Steuerimpuls nicht beeinträchtigt, und der Impuls beeinflußt deshalb nur den leitenden Transistor.

In Wirklichkeit ist die Schaltung noch sehr viel umfangreicher. Man muß noch Vorbereitungseingänge vorsehen und allerlei Beiwerk, um irgendwelche ungünstigen Umstände zu berücksichtigen. Das ändert jedoch im Prinzip nichts. So, wie in Bild 4.03, sind im Grunde die Speicher-Flip-Flops aufgebaut.

4.4 Zähler

Es ist natürlich recht zeitraubend, das ganze Flip-Flop mit all seinen Widerständen und Transistoren zu zeichnen. Und außerdem interessiert es ja niemanden, wie es aufgebaut ist, sondern nur, wie es funktioniert. Dazu reicht aber auch ein Symbol mit den genauen Anschlußbezeichnungen. Nach DIN 40 700 ist dies ein zweigeteiltes Kästchen. Die Trennlinie soll andeuten, daß das Bauelement zwei Schaltzustände annehmen kann. Der halb oder ganz durchgehende senkrechte Strich wird gezeichnet, wenn das Flip-Flop Vorbereitungseingänge aufweist. Ein gemeinsamer, auslösender Eingang, in *Bild 4.04* ist es E_2, wird mit einem Pfeil bezeichnet. Die übrigen Eingänge können verschiedene Funktionen bewirken. Wenn der Pfeil am Eingang hohl ist wie in Bild 4.04, dann kippt das Flip-Flop, wenn der auslösende Impuls von der logischen Null zur logischen Eins übergeht, das ist die ansteigende Flanke eines positiven Impulses. Ein voller Pfeil bedeutet die auslösende Wirkung beim Übergang von 1 auf 0. Der schwarze Balken deutet an, daß dieser Ausgang in der Grundstellung des Bauteils den Zustand 1 einnimmt. Der andere Ausgang führt infolgedessen den Zustand 0, da die Ausgänge,

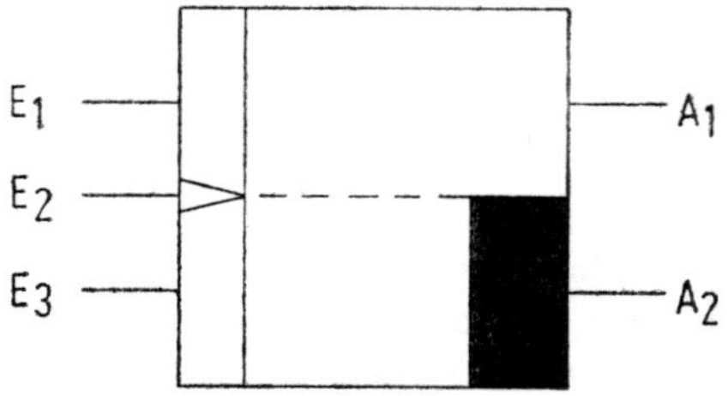

Bild 4.04 Schaltungssymbol einer bistabilen Kippstufe

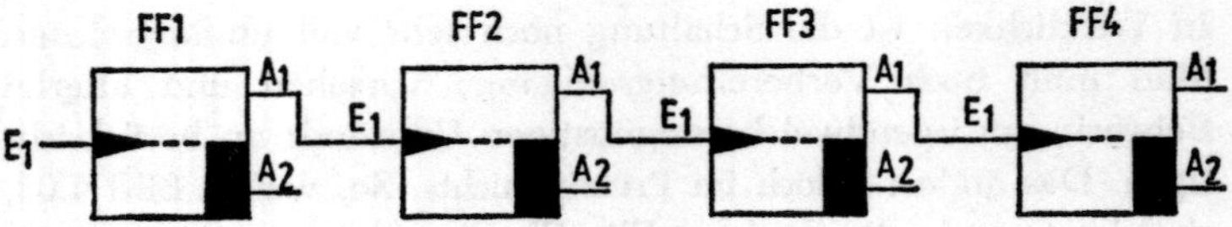

Bild 4.05 Reihenschaltung von 4 Flip-Flops zu einem Zähler

wie wir schon wissen, zueinander invertiert sind, d. h. immer einen gegenteiligen Zustand aufweisen.

Es wurde mehrmals das Wort *Bauelement* gebraucht, obwohl es sich doch in Wirklichkeit um eine Schaltung handelt. Aber ich glaube, daß für die winzigen integrierten Schaltungen — und in der Digitaltechnik verwendet man durchweg integrierte Schaltungen — diese Bezeichnung gerechtfertigt ist. Man weiß nicht mehr, wie die Schaltung im einzelnen aufgebaut ist und arbeitet, sondern nur noch, welche Eigenschaften sie hat. Und dies ist ja auch bei Einzelbauteilen der Fall: Von einem Transistor weiß man zwar sehr genau, welche Eigenschaften er in einer Schaltung hat, aber wie das mit den Löchern und Elektronen im Innern vor sich geht, das ist Sache der Physiker und Technologen.

Wir denken uns nun 4 solche Bausteine in Reihe geschaltet, wie in *Bild 4.05* angedeutet. Was passiert nun, wenn wir an den Eingang E_1 von FF1 Impulse bringen? Zuerst wird das Flip-Flop kippen, und zwar so, daß am Ausgang A_2, der bisher auf 1 stand, jetzt 0 ansteht, und an A_1 das Gegenteil, also 1. Sobald aber der Ausgang A_1 von 0 auf 1 springt, ist dies elektrisch gleichbedeutend einem Impuls. An E_1 von FF2 gelangt also ebenfalls ein Impuls. Nun sind aber in Bild 4.05 die Pfeile ausgefüllt, was bedeutet, daß das Flip-Flop von der abfallenden Flanke des Steuerimpulses umgeschaltet wird. Infolgedessen geschieht vorerst weiter nichts.

Sobald der zweite Impuls an FF1 gelangt, kippt dieses in die ursprüngliche Lage zurück, der Ausgang A_1 springt von 1 nach 0, und diese abfallende Flanke bringt jetzt das Flip-Flop 2 zum Kippen. Dieses Gedankenspiel können wir jetzt noch eine Weile fortsetzen und erhalten dann folgende Tabelle (Seite 53):

Bild 8. Das winzige Chip (ganz links, kontaktiert) kann in ein großes DIL-Gehäuse (Mitte) oder in eine Flachpackung (rechts) gepackt werden; Foto in natürlicher Größe (Siemens Pressebild)

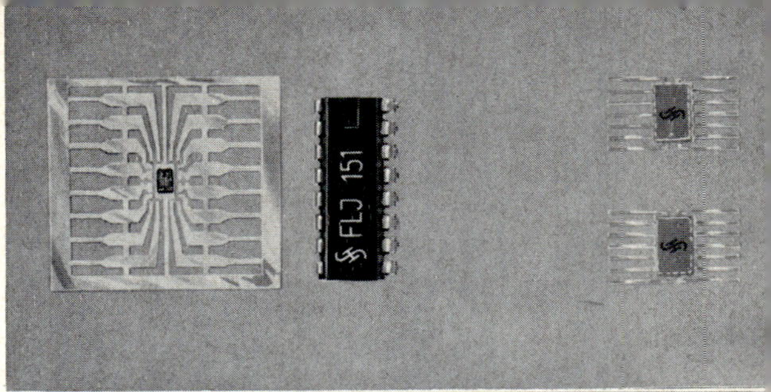

Tafel 3

Bild 9. Mit einer Fassung und einem Flachkabel kann man Steckgehäuse auf der Brettschaltung verdrahten (Foto Verfasser)

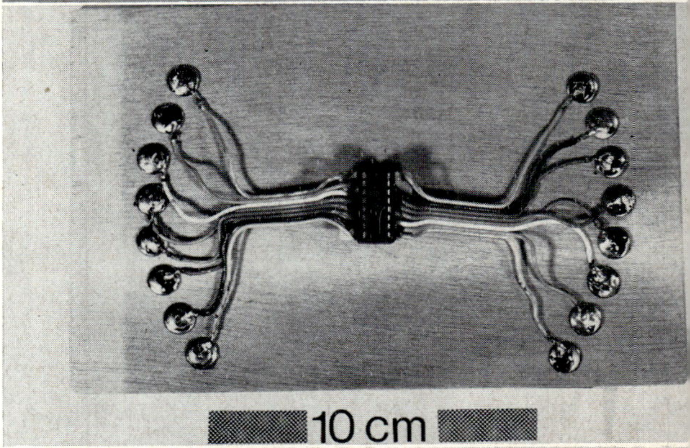

Bild 10. Integrierte Schaltungen im Metallgehäuse lötet man auf der Brettschaltung auf kreisförmig angeordnete Reißnägel

Bild 11. Wenn Metallgehäuse mit 12 Anschlüssen auf der Brettschaltung angeschlossen werden sollen, müssen die Anschlußdrähte verlängert werden

Bild 12. Sehr geschickt für Versuchsaufbauten sind die fertig käuflichen Leiterplatten für IS

Tafel 4

Bild 13. Digital-Meßgerät mit Sieben - Segment - Plasma - Anzeige (Kaltkathoden-Glimmröhren in Flachbauweise; Foto Newport/Kraus-Elektronik)

Bild 14. Digitalmeßgerät mit Leuchtdioden-Sieben-Segment-Anzeige (Foto Newport/Kraus Elektronik)

Bild 15. Ziffernanzeigeröhren (ITT Pressebild)

Zahl der Impulse	Zustand am Ausgang A_1 von			
	FF1	FF2	FF4	FF3
0	0	0	0	0
1	1	0	0	0
2	0	1	0	0
3	1	1	0	0
4	0	0	1	0
5	1	0	1	0

Und jetzt drehen Sie die Reihenfolge der vier Flip-Flops um und vergleichen Sie das Ergebnis mit der Tabelle auf Seite 44. Es sind Dualzahlen. Sie sehen, das Zweiersystem ist gar nicht so ungeschickt. Vergleichen Sie jetzt noch in der obenstehenden Tabelle die ersten beiden Reihen. FF1 steht nach jedem zweiten Impuls auf 1. Es gibt somit nur jeden zweiten Impuls an FF2 weiter. Man kann sagen, es untersetzt eine Impulsfolge im Verhältnis 1 : 2, wie wir das vom Maschinenbau her gewohnt sind, wo beispielsweise ein angetriebenes Zahnrad, das doppelt so groß ist wie das treibende Rad, nur noch die halbe Umfangsgeschwindigkeit aufweist. Am Ausgang von FF2 kommt sogar nur jeder 4. Impuls zum Vorschein usw. Wir können also durch Hintereinanderschalten von Speicher-Flip-Flops eine beliebig hohe Impulsuntersetzung bewirken, allerdings im Verhältnis der Zweierpotenzen, also 1 : 2, 1 : 4, 1 : 8 usw. Möchte man beispielsweise eine Untersetzung von 1 : 5, dann muß man Kunstgriffe anwenden.

Mit den vier gezeichneten Flip-Flops kann man bis 16 zählen oder, wenn man so will, bis 15, da nach 16 Impulsen alle Flip-Flops wieder auf 0 stehen. Mit anderen Worten: Am Ausgang von FF4 erscheint jeder 16. Impuls. Wenn man es jetzt so einrichten könnte, daß jeder zehnte Impuls erscheint, dann hätte man einen wunderbaren Zähler, der bis 10 zählt. Zwei solcher Zähler könnten dann bis 100 zählen usw. Ein solcher Dezimalzähler ist gar nicht so schwer herzustellen. Man benötigt dazu nur einige logische Schaltungen, die wir im nächsten Abschnitt kennenlernen.

4.5 Logische Schaltungen

Logische Schaltungen haben die Aufgabe, (logische) Entscheidungen zu treffen. Beispielsweise kann der Fall eintreten, daß ein Signal, z. B. ein Impuls, ausgelöst werden soll, wenn an einer bestimmten Stelle der Schaltung gleichzeitig drei Impulse eintreffen. Für solche Zwecke benutzt man sogenannte Torschaltungen (Gatter, vom englischen Wort Gate). Wir sehen uns gleich die einfache Schaltung an, mit der solche Torschaltungen verwirklicht werden.

In *Bild 4.06* sind die gängigen, einfachen Torschaltungen gezeichnet. Sie wissen, daß eine Diode als Schalter benutzt werden kann. Liegt an der Anode Plus und an der Kathode Minus, dann ist die Diode leitend, der Schalter ist geschlossen. Bei umgekehrter Polarität ist die Diode gesperrt und wirkt wie ein geöffneter Schalter. Diese Eigenschaft der Diode macht man sich in den Torschaltungen zunutze.

In der Schaltung 4.06a sind die Dioden leitend, solange an den Eingängen 0 liegt. Infolgedessen liegt der Ausgang A ebenfalls auf 0 (gemeint ist hier die logische Null, denn das Potential ist

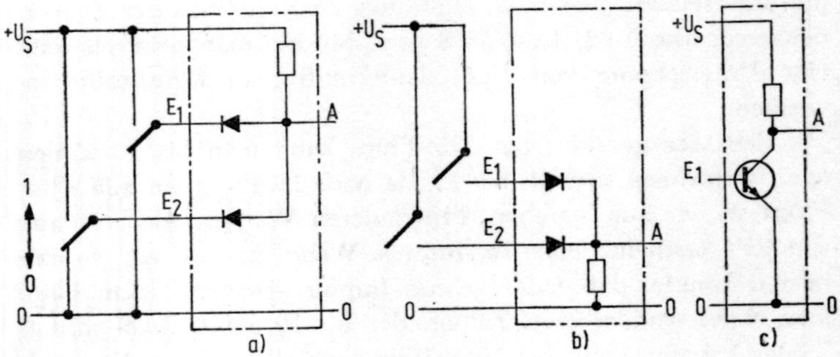

Bild 4.06 Grundschaltungen logischer Funktionen
a UND-Schaltung
b ODER-Schaltung
c Inverter

nicht ganz das Nullpotential infolge des Spannungsabfalls an den Dioden). Wenn einer der beiden Schalter umschaltet, wenn also an einem Eingang eine 1 liegt, ändert sich nichts. Die betreffende Diode ist dann eben gesperrt. Wenn jedoch beide Schalter auf 1 gestellt werden, sind beide Dioden gesperrt, und am Ausgang A erscheint nun eine 1. Mit anderen Worten: An E_1 und E_2 muß 1 liegen, damit an A ebenfalls 1 erscheint. Diese Schaltung heißt daher ganz einfach UND-Schaltung.

Ganz ähnlich arbeitet die Schaltung nach Bild 4.06b. Wenn keiner der Schalter betätigt ist, liegt am Ausgang A eine 0. Wenn einer der Schalter geschlossen wird, leitet die betreffende Diode. Durch den Spannungsabfall am nachgeschalteten Widerstand erscheint am Ausgang A ein Pluspotential, also 1. Zwischen den beiden Schaltungen besteht jedoch noch ein wesentlicher Unterschied: Die 1 erscheint am Ausgang der Schaltung b bereits, wenn nur *ein* Kontakt betätigt ist. Man kann daher sagen: Eine 1 am Eingang E_1 ODER E_2 bewirkt am Ausgang ebenfalls 1. Diese Schaltungsart heißt daher ODER-Schaltung.

Die Schaltung 4.06c schließlich ist ein Inverter. Sie wissen schon, daß *invertere* soviel wie *umkehren* heißt. Ein Inverter kehrt die Polarität des Signals um. Ein positives Signal, also 1, macht den Transistor leitend, er schaltet durch, und am Ausgang A erscheint 0. 0 am Eingang hingegen sperrt den Transistor, und an A erscheint 1.

Aus verschiedenen Gründen hat es sich als zweckmäßig erwiesen, den Inverter mit den Torschaltungen zu kombinieren. Schaltung a und c ergeben zusammen eine NAND-Schaltung (englisch Not AND = Nicht UND), b und c ergeben eine NOR-Schaltung (englisch Not OR = Nicht ODER). In der Praxis gibt es noch sehr viel mehr Kombinationen, von denen Sie später noch einige kennenlernen werden.

Was ich Ihnen bisher mit Worten mühselig zu erklären versucht hatte, kann man sehr viel einfacher in mathematischer Form niederschreiben. Man benutzt dazu sogenannte Wahrheitstabellen. Die Wahrheitstabelle für die UND-Schaltung sieht ganz einfach aus:

E_1	E_2	A
0	0	0
1	0	0
0	1	0
1	1	1

Diese Tabelle können Sie sicherlich ganz leicht in Worte umsetzen. Sie sehen auf einen Blick, daß am Ausgang 1 erscheint, wenn an beiden Eingängen ebenfalls 1 liegt. In allen andern Fällen ist der Ausgang 0.

Und hier sind die Wahrheitstabellen zusammengefaßt:

E_1	E_2	A	E_1	E_2	A	E	A	E_1	E_2	A	E_1	E_2	A
0	0	0	0	0	0	0	1	0	0	1	0	0	1
1	0	0	1	0	1	1	0	1	0	1	1	0	0
0	1	0	0	1	1			0	1	1	0	1	0
1	1	1	1	1	1			1	1	0	1	1	0
UND-Schaltung			ODER-Schaltung			Inverter		NAND-Schaltung			NOR-Schaltung		

Seien Sie nicht böse, wenn ich Ihnen eine Hausaufgabe gebe. Sie haben dieses Büchlein gekauft, weil Sie logische Schaltungen verstehen, Datenblätter lesen und integrierte Schaltungen beschalten können möchten. Dazu müssen Sie eine Wahrheitstabelle so gut interpretieren können, daß Sie Ihnen keinerlei Schwierigkeiten bereitet. Schwierigkeiten gibt es nämlich noch genug! Seien Sie also jetzt so freundlich und nehmen Sie ein Stück Papier und versuchen Sie, die 5 Wahrheitstabellen „nachzuerfinden". Vergleichen Sie das Ergebnis, ob es richtig ist, und wenn nicht, dann probieren Sie es noch einmal. Das muß sitzen, sonst brauchen Sie gar nicht weiterlesen.

5. Integrierte Digitalschaltungen

5.1 Inverter

Inverterschaltungen (Umkehrschaltungen) haben die Aufgabe, ein digitales Signal hinsichtlich seiner Polarität umzukehren. Eine 1 am Eingang bewirkt eine 0 am Ausgang und umgekehrt. Da eine solche Schaltung nur zwei Anschlüsse, nämlich Eingang und Ausgang, aufweist (die Anschlüsse für die Speisespannung kommen natürlich noch hinzu), ist sie sehr leicht zu verstehen.
Bild 5.01 zeigt das Anschlußschaltbild, wie es in amerikanischen Datenbüchern dargestellt wird (links), rechts eine vereinfachte Darstellung. An einem späteren Beispiel lernen Sie auch die deutsche Darstellung kennen. Man erkennt das Verstärkersymbol, ein Dreieck, an dessen Spitze ein Punkt gezeichnet ist. Dieser Punkt bedeutet die Inversion des Signals. Das Verstärkersymbol ist durchaus berechtigt, denn der Inverter hat einen Fächerfaktor (Fan-Out) von 10. Das bedeutet, daß jeder der 6 Inverter 10 beliebige TTL-Schaltungen ansteuern kann. Das Signal wurde also um den Faktor 10 verstärkt.
Die Anschlußbezeichnungen sind in *Bild 5.01* aufgeschlüsselt. A

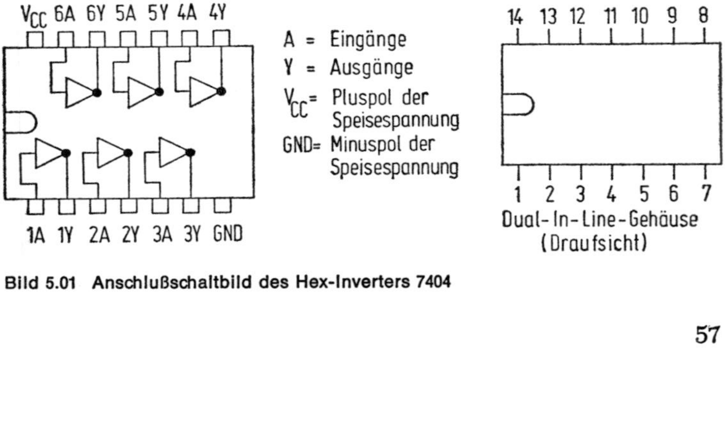

Bild 5.01 Anschlußschaltbild des Hex-Inverters 7404

bedeutet einen Eingang, Y einen Ausgang. V_{CC} bezeichnet den Anschluß für den Pluspol der Speisespannung und GND (Ground) den Minuspol. Die deutschen Bezeichnungen weichen von diesem Schema leider etwas ab. Für die Zählweise ist stets die Kerbe maßgebend, nicht etwa die Beschriftung, die, bezogen auf die Zählweise, durchaus auf dem Kopf stehen kann. Die meisten TTL-Schaltungen sind in 14-poligen DIL-Gehäusen untergebracht. Das wichtigste in diesem Abschnitt ist wiederum die Wahrheitstabelle, die Sie eigentlich selbst aufstellen können sollten. Sie wissen doch: 1 an A macht 0 an Y und umgekehrt, also:

A	Y
1	0
0	1

Übrigens: Wenn A unbeschaltet ist, herrscht an Y ebenfalls 0. Dies geht aber nicht aus der Wahrheitstabelle, sondern höchstens aus dem Schaltbild hervor, mit dem wir uns aber nicht befassen möchten.

Bei dieser Gelegenheit sollten Sie gleich mit den logischen Pegeln vertraut werden. Die Tabelle ist nicht allzu schwer zu verstehen:

Parameter		MIN.	TYP.	MAX.	Einheit
$V_{in(1)}$	U_{IH}	2			V
$V_{in(0)}$	U_{IL}			0,8	V
$V_{out(1)}$	U_{QH}	2,4	3,3		V
$V_{out(0)}$	U_{QL}		0,22	0,4	V

Die Tabelle wird so gelesen. Damit am Ausgang mit Sicherheit 0 erscheint, muß der Pegel für die logische 1 am Eingang, $V_{in(1)}$ (amerikanische Bezeichnung) bzw. U_{IH} (deutsche Bezeichnung), min. 2 V betragen. Er darf natürlich auch größer sein, also 3 V, 4 V oder 5 V (aber nicht höher als die Speisespannung). Umgekehrt beträgt der Pegel für die 1 am Ausgang, $V_{out(1)}$ oder U_{QH}, min. 2,4 V, im Durchschnitt 3,3 V. Die Schaltung liefert also bei Pegel 1 mindestens 2,4 V und benötigt 2,0 V, so daß die Sicherheit 0,4 V beträgt. In Wirklichkeit sind die Spannungsunterschiede wesentlich größer. Schauen Sie sich bitte die beiden Tabellen noch einmal genau an, ehe Sie zum nächsten Abschnitt übergehen.

5.2 Torschaltungen

Im Grunde genommen ist dieser Abschnitt völlig überflüssig. Sie wissen bereits Bescheid über logische Pegel, Anschlußbezeichnungen und Zählweise. Die ausführlichen Wahrheitstabellen für alle Torschaltungen haben Sie ebenfalls kennengelernt. Und besondere Schwierigkeiten bieten die Gatter noch ganz und gar nicht. Es gibt nur Ein- und Ausgänge sowie die Anschlüsse für die Speisespannung.

Wir nehmen als Beispiel das Vierfach-NOR-Gatter mit 2 Eingängen 7402. Die Typenbezeichnung wird durch Buchstaben, die auf den Hersteller deuten, noch ergänzt, z. B. SN 7402 (Texas Instruments). Die entsprechende Bezeichnung des Bauteils von Siemens lautet FLH 191. Aber damit brauchen Sie sich nicht befassen, denn ein gutes Datenbuch stellt die verschiedenen Bezeichnungen einander gegenüber.

Bild 5.02 zeigt das Anschlußschaltbild, diesmal nach deutscher Manier gezeichnet. Die logischen Pegel sind die gleichen geblieben wie beim schon besprochenen Sechsfach--Inverter. Die Wahrheitstabelle weist nur eine einzige 1 auf für den Ausgang Q, näm-

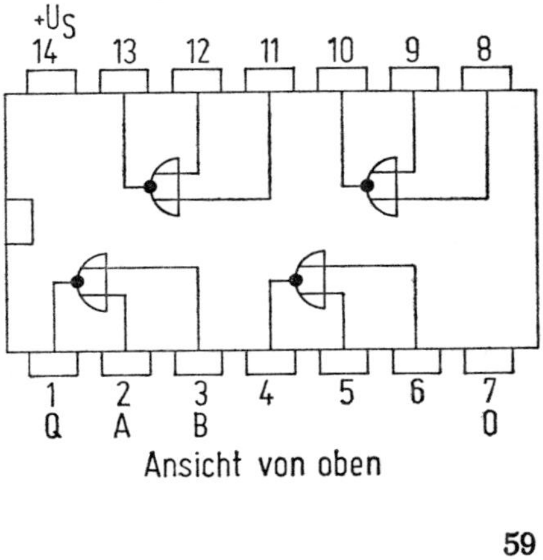

Bild 5.02 Anschlußschaltbild des NOR-Gatters 7402

lich wenn an beiden Eingängen A und B eine logische 0 ansteht. In allen anderen Fällen, auch dann, wenn einer oder beide Eingänge unbeschaltet sind, ist am Ausgang 0. Die Nennumschaltzeit von 1 auf 0 beträgt 8—15 ns, von 0 auf 1 12—22 ns. 1 Nanosekunde ist eine Milliardstel Sekunde. 20 Nanosekunden benötigt demnach das Gatter etwa zum Umschalten. Wollte man einen Impuls auf diese Weise um 1 Sekunde verzögern, dann müßte man 50 Millionen Gatter in Reihe schalten! Für die ganz großen Rechenmaschinen ist diese Zeitspanne schon zu lang. Für uns aber viel zu kurz! Der Nachteil bei der Geschichte ist nämlich, daß sehr kurze Störimpulse, wie sie beispielsweise vom Netz kommen, noch erfaßt werden. Man hat deshalb auch eine besonders langsame, störsichere Logik entwickelt.

Um die Universal-TTL-Schaltungen richtig anwenden zu können, ist es daher in vielen Fällen ratsam, besondere Maßnahmen zur Störunterdrückung anzuwenden. Diese Maßnahmen können sein: Schirmwicklung zwischen Primär- und Sekundärwicklung des Netzübertragers; Abschirmen der Signalleitungen; Führen der Leiterbahn der Signalspannung zwischen zwei geerdeten Leiterbahnen; Abblocken der Speisespannungsleitungen in kurzen Abständen; Einführen von Siebgliedern; Verwendung von schnell ansprechenden, induktionsarmen Blockkondensatoren (z. B. Vielschichtkondensatoren); geerdetes Metallgehäuse u. a.

Wenn Sie die Wahrheitstabellen richtig lesen können, kommen Sie mit allen Gattern zurecht, so daß wir uns ersparen können, deren Vielfalt weiter zu untersuchen. Eine gewisse Besonderheit bieten die NAND-Schmitt-Trigger, die den Zweck haben, aus verwaschenen Impulsen wieder saubere Rechteckimpulse zu formen. Bei den normalen Gattern ist zwar ebenfalls ein sprunghaftes Ansteigen der Ausgangsspannung bei Erreichen eines bestimmten Schwellwertes am Eingang zu beobachten, jedoch sind die Schmitt-Trigger so ausgelegt, daß selbst sehr langsam ansteigende und extrem flache Impulsflanken noch ein scharfes Ausgangssignal bewirken.

Einige Torschaltungen weisen noch einen besonderen Steuereingang auf, genannt *Strobe* (das Wort ist englisch auszusprechen).

Wie aus der Wahrheitstabelle hervorgeht, dient dieser Eingang dazu, den Ausgang Q auf 1 zu stellen, und zwar auch dann, wenn die Voraussetzungen hierfür an den Eingängen nicht vorliegen.

Eingänge			Ausgang
A	B	Strobe	Q
1	X	1	0
X	1	1	0
0	0	X	1
X	X	0	1

Übrigens: X bedeutet 0- oder 1-Signal. In der Tabelle erscheint an Q eine 0, wenn 1 an A erscheint, wobei es gleichgültig ist, ob an B eine 0 oder 1 ansteht. Auf diese Weise erspart man sich einige Zeilen in der Tabelle.

5.3 Monostabile Kippstufen

Wir kommen zu dem Thema, um dessentwillen dieses Büchlein in erster Linie gedruckt wurde. Die Beschaltung von Flip-Flops ist nämlich eine Wissenschaft für sich — Leserzuschriften beweisen es. Da wir es uns verkneifen können, in die Systemtheorie einzusteigen, müssen wir uns von der Praxis her an das Problem herantasten.
Wir beginnen mit dem monostabilen Multivibrator, der noch keine großen Probleme aufwirft. In der Schaltung nach Bild 4.02 ist der Ausgangsimpuls um die Dauer des Eingangsimpulses länger als die Entladezeit des Kondensators. Der Einschaltimpuls kann durch Vorschalten eines Kondensators in seiner Länge begrenzt werden, wie dies in Bild 4.03 angedeutet ist, und man erhält einen dynamischen Eingang, das heißt einen Eingang, der nur auf Impulse anspricht. Aus verschiedenen Gründen sind jedoch die integrierten Digitalschaltungen nach einem anderen Prinzip aufgebaut, und zwar wird der Eingang nach Empfang des auslösenden Impulses elektronisch verriegelt. Auf diese Weise

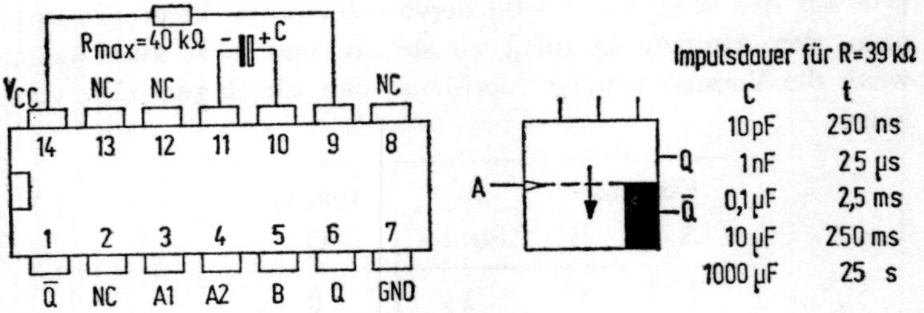

Bild 5.03 Anschlußschaltbild des Monovibrators 74 121

hat der Ausgangsimpuls immer genau die gleiche Länge, ganz unabhängig davon, was an den Eingängen in der Zwischenzeit vor sich geht.

Das monostabile Flip-Flop 74121 mit dem *Anschlußschaltbild 5.03* hat drei Eingänge A1, A2 und B. Die Eingänge A1 und A2 führen auf ein ODER-Gatter und sind gleichwertig. B ist der Eingang eines Schmitt-Triggers. Während bei den dynamischen Eingängen digitaler Schaltkreise stets eine Mindest-Anstiegsgeschwindigkeit und eine bestimmte Flankensteilheit des auslösenden Impulses gefordert wird, darf die Spannung am Eingang B beliebig langsam ansteigen. Bei Erreichen eines bestimmten Schwellwertes wird der Ausgangsimpuls ausgelöst.

All diese Erläuterungen sind in leicht überschaubarer Form in der Wahrheitstabelle enthalten, die hier in der amerikanischen Version wiedergegeben ist. „Inhibit" bedeutet „hindern", d. h. es wird kein Kippvorgang ausgelöst. „One shot" bedeutet ein „einmaliger Impuls". X bedeutet wieder wahlweise logische 0 oder 1, der Ausgang ist in Bild 5.03 mit Q bezeichnet. Darüber hinaus hat dieses Mono-Flop noch einen komplementären Ausgang $\overline{Q}$, an dem das gegenteilige Signal von Q herrscht.

Die Tabelle, z. B. die Zeile 4, wird so gelesen. Im Ruhezustand herrsche an A1 eine 0, an A2 eine 0 oder 1 und an B eine 0. Der Zeitpunkt des Ruhezustandes wird mit t_n bezeichnet. Nun wird an den Eingang B eine 1 gelegt. Sobald dieser Impuls wirksam geworden ist, wird ein Ausgangsimpuls ausgelöst, was zum Zeitpunkt t_{n+1} der Fall ist. Man kann also sagen, beim

t_n Input			t_{n+1} Input			
A1	A2	B	A1	A2	B	Output
1	1	0	1	1	1	Inhibit
0	X	1	0	X	0	Inhibit
X	0	1	X	0	0	Inhibit
0	X	0	0	X	1	One Shot
X	0	0	X	0	1	One Shot
1	1	1	X	0	1	One Shot
1	1	1	0	X	1	One Shot
X	0	0	X	1	0	Inhibit
0	X	0	1	X	0	Inhibit
X	0	1	1	1	1	Inhibit
0	X	1	1	1	1	Inhibit
1	1	0	X	0	0	Inhibit

Übergang des Signals am Eingang B von 0 auf 1 entsteht ein Ausgangsimpuls.
Wenn Sie dies alles verstanden haben, können wir zum bistabilen Flip-Flop übergehen. Zuvor noch eine Besonderheit bestimmter Mono-Flops, z. B. der Typen 74122 und 74123. Diese sind nachtriggerbar. Sie können in getriggertem Zustand erneut getriggert werden, so daß die Dauer des Ausgangsimpulses vom letzten Triggerimpuls abhängig ist.

5.4 Bistabile Kippstufen

Wie Sie bereits wissen, ist eine bistabile Kippstufe oder Flip-Flop eine elektronische Schaltung mit zwei definierten Schaltstellungen 0 und 1. Die jeweilige Stellung behält sie so lange bei, bis sie durch ein entsprechendes Eingangssignal in die andere Schaltstellung kippt. Hauptsächlich durch die unterschiedlichen Signaleingänge unterscheiden sich die verschiedenen Kippstufen der TTL-Familie. Andere Versionen sind zwei oder gar

vier Kippstufen in einem gemeinsamen Gehäuse, wobei die Anzahl Signaleingänge etwas kleiner sein kann als bei der Ausführung mit einem Flip-Flop pro Gehäuse.
Wir beginnen mit dem sogenannten D-Flip-Flop, das einen besonderen Dateneingang D aufweist. Es hat folgende Anschlüsse:

Deutsche Bezeichnung	Amerikanische Bezeichnung
R = Rückstelleingang	C = Clear (Input)
S = Stelleingang	P = Preset (Input)
D = Informationseingang	D = Data (Input)
T = Takteingang	Clock (Input)
Q = Ausgang	Q = Output
$\overline{Q}$ = negierter Ausgang	$\overline{Q}$ = Complementary Output

Bei den meisten Flip-Flops löst jeder Taktimpuls einen Kippvorgang aus, nicht jedoch beim D-Flip-Flop. Das Ausgangssignal ist gleich dem Signal am Dateneingang D, während der Taktimpuls lediglich den Zeitpunkt bestimmt, an dem das Signal von D nach Q übertragen wird. Wenn beispielsweise D und Q auf 0 stehen und man legt an D eine 1, dann ändert sich noch nichts. Erst wenn an T ein Impuls geschaltet wird, springt Q auf 1 und verbleibt in diesem Zustand auch nach Abklingen des Taktimpulses. Die Wahrheitstabelle in den Datenbüchern sieht daher recht zusammengeschrumpft aus:

t_n	t_{n+1}	
D	Q	$\overline{Q}$
L	L	H
H	H	L

Darüber hinaus hat das Flip-Flop noch einen Stelleingang S und einen Rückstelleingang R. 0 an R stellt das Flip-Flop auf 0, und 1 an S bewirkt 1 an Q. Wenn an R *und* S eine 0 liegt, ergibt sich ein undefinierter Schaltzustand. Im Datenbuch heißt es „R und S arbeiten unabhängig von T". Das bedeutet, daß die genannten Zustände *sofort* bewirkt werden, sobald R oder S das

Bild 5.04 Anschlußschaltbild des Zweifach-D-Flip-Flops 7474

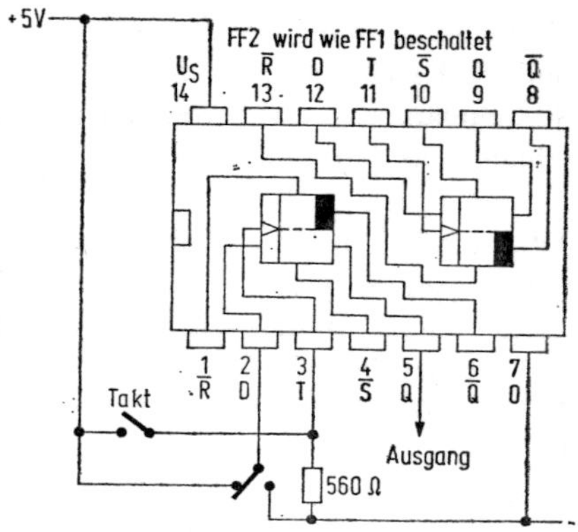

0-Signal erhält. Weiterhin ist zu beachten, daß die Signale an R und S nur kurze Impulse sein dürfen. Läßt man nämlich das 0-Signal an R oder S stehen, dann kann das Flip-Flop nicht mehr kippen, ganz gleich, was an den Eingängen D und T geschieht.

In *Bild 5.04* ist das Anschlußschaltbild eines Zweifach-D-Flip-Flops in deutscher Darstellungsweise gezeichnet. Der Takteingang T muß über einen Widerstand von etwa 1 kΩ mit Minus verbunden werden, damit die 1-Impulse wirksam werden können. An den Eingang D ist ein Kontakt gezeichnet, der entweder mit + oder —, also mit 1 oder 0, verbunden ist, um der Kippstufe eine definierte Stellung zu gewährleisten. In Wirklichkeit sind dies natürlich keine Kontakte, sondern rein elektronisch erzeugte Signale. Die Eingänge R und S wurden unbeschaltet gezeichnet, da deren Ansteuerung für die vorgesehene Arbeitsweise nicht unbedingt erforderlich ist. Hingegen dürfen D und T nicht „in der Luft hängen".

Das Flip-Flop 7472 ist ein sogenanntes Master-Slave-Flip-Flop. Beim Eintreffen des Taktimpulses wird zuerst das Flip-Flop in zwei Teile getrennt, den Master (Meister) und Slave (Sklave). Dann gelangt das Signal von den Eingängen J und K in den Master. Während der abfallenden Impulsflanke des Taktimpulses werden zuerst die Eingänge J und K gesperrt, und anschließend die Information vom Master, also vom Eingangs-Flip-Flop, an den Slave, nämlich das Ausgangs-Flip-Flop, übertragen. Durch diese etwas komplizierte Schaltung wird eine größtmögliche Sicherheit gegen Fehlverhalten in großen Anlagen erreicht. Die

Vorbereitungseingänge heißen bei diesem Flip-Flop J und K und sind nichts anderes als die schon bekannten Rückstell- und Stelleingänge R und S des D-Flip-Flops, jedoch mit dem Unterschied, daß J und K eine Rückführung vom Ausgang Q haben. In der Praxis bedeutet dies, daß das JK-Flip-Flop bei jedem Taktimpuls kippt, es arbeitet also als Impulsuntersetzer.
Sie müssen sich damit abfinden, daß bei den logischen Schaltungen nicht immer alles logisch ist. Die vorliegende Version 7472 weist je drei Vorbereitungseingänge J_1, J_2 und J_3 sowie K_1, K_2 und K_3 auf, die jeweils auf ein UND-Gatter führen. Das UND-Glied ergibt aber nur dann das gewünschte Ausgangssignal, wenn alle Eingänge in gleichem Sinne angesteuert werden. Bei unserem Flip-Flop hingegen genügt es schon, wenn *ein* Eingang angesteuert wird und die beiden anderen unbeschaltet bleiben. Empfehlen möchte ich Ihnen diese Betriebsart aber nicht. Wenn die Eingänge nicht benutzt werden, verbindet man sie einfach miteinander, wie in *Bild 5.05* angedeutet.

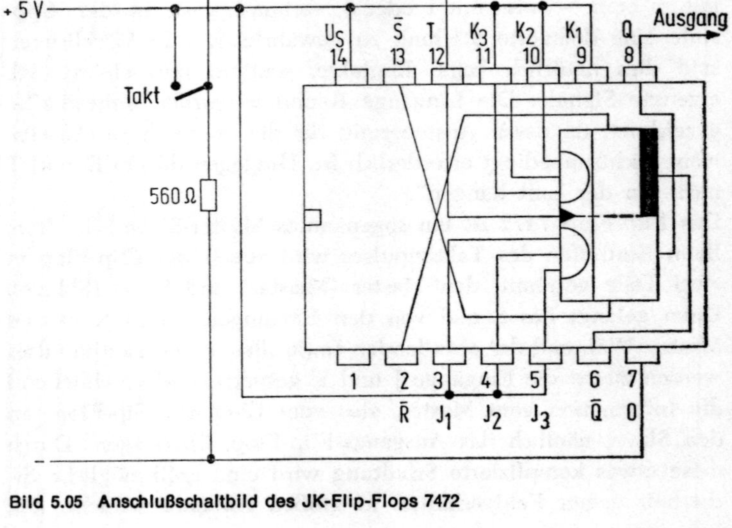

Bild 5.05 Anschlußschaltbild des JK-Flip-Flops 7472

Damit erhält man folgende Wahrheitstabelle:

t_n		t_{n+1}
J	K	Q
0	0	Q_n
0	0	0
1	1	1
1	1	$\overline{Q}_n$

Diese Tabelle wird so gelesen. Q_n bedeutet die Stellung zum Zeitpunkt t_n, also vor dem Eintreffen des Taktimpulses. In der ersten Zeile steht zum Zeitpunkt t_{n+1}, also nach dem Wirksamwerden des Taktimpulses, der Ausgang immer noch in Stellung Q_n. Mit anderen Worten: Wenn J und K auf 0 stehen, ist das Flip-Flop gesperrt, es kann keine Information von den übrigen Eingängen zum Ausgang gelangen. Die Bedeutung der Zeilen 2 und 3 kennen Sie schon. Man kann durch entsprechende Kombination von J und K das Flip-Flop stellen oder rückstellen. Einschränkend muß dazu gesagt werden, daß $J = J_1 = J_2 = J_3$ und $K = K_1 = K_2 = K_3$ sein muß. Ist das nicht der Fall, dann muß für J oder K der logische Pegel eingesetzt werden, der dem UND-Gatter entspricht. Aber wir wollen es uns ersparen, die Wahrheitstabelle des Flip-Flops um die Wahrheitstabelle zweier UND-Schaltungen zu erweitern, das würde die Tabelle auf eine ganze Buchseite vergrößern, so daß kein Mensch mehr schlau daraus würde. Die letzte Zeile sagt schließlich, daß bei dieser Betriebsart der Ausgang Q nach jedem Taktimpuls seine Stellung gewechselt hat, er ist von Q nach $\overline{Q}$ gesprungen.
Außer den besprochenen rückgeführten Eingängen J und K hat diese Version auch noch die nicht rückgeführten Eingänge R und S, die Sie schon kennen. Sie wirken genau so wie beim D-Flip-Flop. Im Anschlußschaltbild sind sie mit $\overline{R}$ und $\overline{S}$ bezeichnet. Der Strich über den Buchstaben bedeutet wieder, daß sie durch ein 0-Signal angesteuert werden, im Gegensatz zu den übrigen Signalen, die immer 1-Signale (z. B. der Taktimpuls) darstellen.

Ich weiß, das ist eine sehr schwierige Materie, und ich erwarte nicht, daß Sie alles aufs erste Mal begreifen. Am besten ist es, Sie kaufen sich ein Flip-Flop und spielen einen Abend damit. Probieren geht über Studieren! Wenn nicht, dann halten Sie sich an den Schaltungsvorschlag, der soweit wie möglich vereinfacht wurde, weil der Amateur ja mit der Vielzahl der Eingänge nichts anfangen kann.
Die vielen Eingänge sind für den Amateur meist nicht notwendig, im Gegenteil, sie erfordern zusätzlichen Verdrahtungsaufwand. Besser wäre es, wenn man dafür mehr Funktionsgruppen erhielte. Diese beiden Wünsche sind in der Version 7473 verwirklicht. In dem gemeinsamen DIP-Gehäuse sind zwei Master-Slave-JK-Flip-Flops enthalten, davon jedes mit *einem* J- und einem K-Eingang (also ohne UND-Eingänge) und einem $\bar{R}$-Eingang (ohne S-Eingang). Einfacher gehts nicht mehr. Nachdem Sie ja den sehr viel schwierigeren Typ 7472 prima verstanden haben, können wir uns hier Schaltung und Wahrheitstabelle ersparen. Wenn Sie mit digitalen Schaltungen arbeiten, benötigen Sie ohnedies ein Datenbuch, so daß es sinnlos wäre, an dieser Stelle die Anschlußschaltbilder hunderter integrierter Schaltungen anzuführen. Solche Datenbücher verteilen einige Firmen kostenlos (allerdings ungern an Privatleute). Die VALVO-Datenbücher können jedoch ohne Schwierigkeit gegen eine Schutzgebühr bezogen werden.

5.5 Zähler, Speicher, Decodierer

Sie haben gesehen, daß das duale Zahlensystem für die Digitaltechnik das günstigste ist, aber nicht für den Menschen. Wenn die automatischen Waagen im Supermarkt den Preis in Form von Dualzahlen anzeigen würden, wüßte ich nicht sofort, wieviel ich zu bezahlen hätte. Wenn deshalb irgendwelche Daten, also Zahlen und Buchstaben, dem Menschen von der Maschine zugänglich gemacht werden sollen, dann natürlich nur in der gewohnten Form. Zum Umwandeln von Dualzahlen in Dezimalzahlen benutzt man Decodierer (Entschlüßler).

Die üblichen Decodierer sind BCD-zu-Dezimal-Decodierer. *BCD* bedeutet *B*inär *C*odiert *D*ezimal. Das Wort „Dezimal“ deutet an, daß es sich um keinen vollständigen Binärcode handelt, denn ein vierstelliger Zähler kann auf 16 zählen, in seiner Anwendung als *Dezimalzähler* jedoch nur bis 10. Eine mitintegrierte logische Schaltung stellt ihn bei Eintreffen des 10. Impulses automatisch auf 0 zurück. So viel zum BCD-Code. Doch damit ist ein Decodierer noch nicht hinreichend beschrieben. Sie wissen ja — schauen Sie sich nochmals Tafel 4 an —, daß man eine Ziffer sehr verschieden darstellen kann. Die bekannten Nixie-Röhren haben 10 zu Ziffern gebogene Drähte, von denen jeweils einer angesteuert wird und sich dann mit einem rötlichen Glimmlicht bedeckt. Halbleiteranzeigen dagegen bilden durch entsprechende Ansteuerung einzelner Segmente von insgesamt 7 Segmenten die gewünschte Ziffer. Dadurch benötigt man verschiedene Arten von Decodierern, nämlich BCD-zu-1-aus-10-Decodierer (1 von 10 Ziffern wird angesteuert) und BCD-zu-7-Segment-Decodierer (mehrere von 7 Segmenten werden angesteuert).
Der Decodierer hat also die Aufgaben, die Impulse, die der Zähler gespeichert hat und in Form binärcodierter Ziffern an seinen Ausgängen bereitstellt, ins Dezimalsystem zu überführen. Das genügt aber noch nicht. Die betreffenden Anzeigen müssen auch angesteuert werden, wozu teilweise höhere Ströme und Spannungen notwendig sind. An den Ausgängen des Decodierers ist daher oft noch ein Leistungstreiber angeschaltet. Das ganze Bauelement heißt dann Decodierer/Treiber.
Solange der Zähler Zählimpulse empfängt, ändert sich der Zählerinhalt fortlaufend, und die Anzeige würde „hochlaufen“. Das Problem wird so gelöst, daß man einen Zwischenspeicher vorsieht. In regelmäßigen Abständen, die von der Art der Schaltung und des Gerätes abhängen, wird nun der vorhandene Speicherinhalt gelöscht und der augenblickliche Zählerstand neu eingespeichert. Der Speicher steuert nun den Decodierer an und stellt bis zum nächsten Intervall eine gleichbleibende Zifferninformation zur Verfügung.

Da die drei Bauelemente Zähler, Speicher und Decodierer eng

zusammenarbeiten, wollen wir sie auch gemeinsam behandeln und ein häufig angewandtes Schaltbeispiel herausgreifen. Es ist klar, daß es wieder zu jedem Bauelement eine Reihe von Varianten gibt, ferner gibt es integrierte Schaltungen, in denen Zähler, Speicher und Decodierer bereits zu einem höher integrierten Bauelement vereinigt sind, und hochintegrierte Schaltungen besitzen sogar 4 Zähler in einem Gehäuse — allerdings nicht immer 4 Decodierer. Statt alle Ziffern gleichzeitig anzuzeigen, kann man sie auch nacheinander anzeigen. Wenn der Wechsel schnell genug ist, kann das menschliche Auge infolge seiner Trägheit nicht mehr folgen, und es entsteht eine gleichmäßig leuchtende Anzeige. Diese Betriebsart heißt Zeitmultiplex.

Die Zusammenschaltung von Zähler, Speicher und Decodierer zeigt *Bild 5.06*. Der Zähler hat wieder verschiedene Anschlüsse für Sonderanwendungen, z. B. den Eingang BD, falls man statt auf 10 nur bis auf 5 zählen möchte. Ebenso sind die Anschlüsse $R_{9(1)}$ und $R_{9(2)}$ für uns unwichtig. Die Anschlüsse $R_{0(1)}$ und $R_{0(2)}$ können zum Rückstellen (Nullstellen) des Zählers verwendet werden, wobei der Eingang der Torschaltung kurz von 1 auf 0 gestellt werden muß. *NC* (Not Connected) bedeutet, daß der Anschluß frei ist. Der Zähleingang A liegt an Anschluß 14, die Ausgänge sind mit A, B, C und D bezeichnet. V_{CC} ist wieder der Pluspol der Speisespannung und GND (Ground) der Minuspol.

Der Speicher besteht ganz einfach aus 4 Flip-Flops. Jedes für sich wird von einem der Ausgänge des Zählers angesteuert und auf 0 oder 1 gestellt, allerdings erst, wenn der Übernahmeimpuls (Clock) die Eingänge 1D—4D freigibt. Die Wahrheitstabelle ist deshalb ganz kurz:

t_n	t_{n+1}
D	Q
1	1
0	0

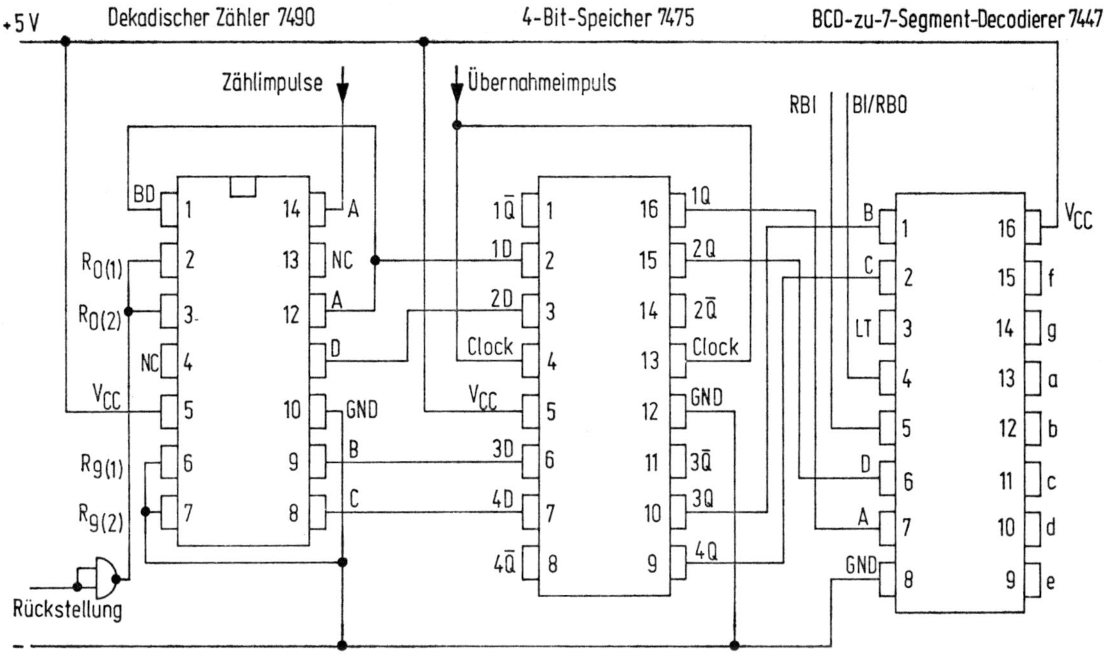

Bild 5.06 Steuerschaltung für Digitalanzeige

Der Ausgang führt nach dem Eintreffen des Taktimpulses also das gleiche Signal wie der Eingang. Je ein Takteingang steuert zwei Flip-Flops. Für den vorliegenden Zweck werden daher die beiden Takteingänge miteinander verbunden.
Der Decodierer hat wieder 4 Eingänge A—D, die den Ausgängen 1Q—4Q des Speichers und A—D des Zählers entsprechen. Weiter sind 7 Ausgänge a—g vorhanden, die über einen Widerstand mit den zugehörigen Segmenten der Leuchtdiodenanzeige verbunden werden. Man muß bei der Wahl von Decodierer und Anzeige darauf achten, daß es Anzeigen mit gemeinsamer Kathode und solche mit gemeinsamer Anode gibt. Entsprechend muß auch der Decodierer ausgesucht werden. Bei der Version 7447 sind die Kollektoren der Endtransistoren herausgeführt, die mit den Kathoden der Leuchtdioden verbunden werden. Infolgedessen muß für den vorliegenden Decodierer eine Diodenanzeige mit gemeinsamer Anode gewählt werden.
Die Anschlüsse für die Speisespannung sind bekannt. Der Anschluß 3 ist mit *LT* (Lamp Test) bezeichnet und ermöglicht durch Anlegen eines 0-Signals, sämtliche Segmente zur Kontrolle auf einmal aufleuchten zu lassen. Die Anschlüsse RBI und RBO sind etwas schwieriger zu verstehen. Im Datenbuch heißt es hierzu: Durch den Übertragseingang zur Nullausblendung RBI wird bei 0-Signal die Nullanzeige unterdrückt. Bei mehrstelligen Zahlen

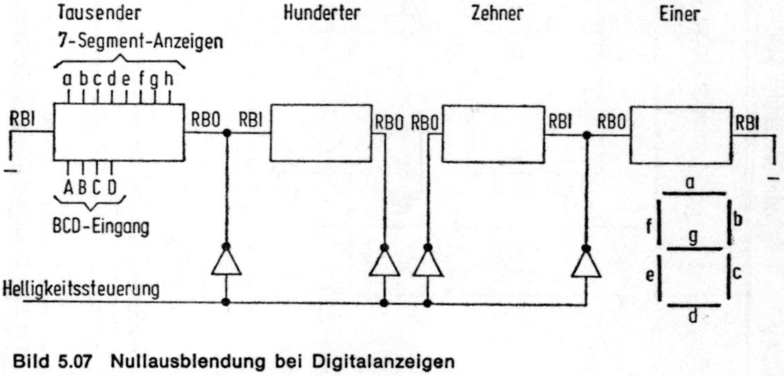

Bild 5.07 Nullausblendung bei Digitalanzeigen

wird durch den Übertragsausgang zur Nullausblendung RBO (mit Eingang BI intern verbunden) eine automatische Nullaustastung über mehrere Dekaden ermöglicht. Durch Eingang Ausblendung BI erfolgt generelle Dunkeltastung, durch Eingang Lampen-Test LT erfolgt eine Helltastung. Falls die Anschlüsse RBI und RBO nicht gebraucht werden, wird RBI an 0 gelegt. Wenn Sie es nicht verstanden haben, ist es auch nicht schlimm. Der Sinn ist aber klar: Wenn bei einem Digital-Voltmeter nur die letzte Ziffer gebraucht wird, dann will man die davor befindlichen Nullen nicht sehen, sondern unterdrücken. Wie dies in einer praktischen Schaltung geschieht, zeigt *Bild 5.07*, zu dem ich nichts mehr sagen möchte. Wer Lust hat, möge sich noch die Wahrheitstabelle ansehen, auf die wir aber hier verzichten, denn sie nimmt eine ganze Buchseite ein.

Allmählich sind wir am Schluß unserer Lektion angelangt. Ich hoffe, daß ich Ihnen die trockene Wissenschaft so dargeboten habe, daß Sie auch ein wenig Spaß am Lernen gefunden haben, denn lernen müssen Sie, leider. Sie werden sicherlich gemerkt haben, daß Sie das ganze Bändchen durcharbeiten müssen, weil in jedem Kapitel auf die vorhergehenden Kapitel zurückgegriffen wurde. Es hat also wenig Sinn, dieses Büchlein als eine Art Nachschlagewerk zu benutzen und nur diejenigen Abschnitte durchzulesen, die gerade interessant sind. Und wenn Sie etwas nicht verstanden haben, dann gibt es ein ganz einfaches Rezept: So oft durchlesen, bis Sie es beinahe auswendig können. Unser wunderbar eingerichtetes Gehirn macht dann das übrige. Mit diesem Trost möchte ich mich von Ihnen verabschieden.

6. Literaturhinweise

Allgemeine Literatur über integrierte Schaltungen

Bergtold, F.: Integrierte Schaltungen zum Steuern und Regeln. München 1972 (Verlag R. Oldenbourg)

Richter, H.: Bastelbuch für integrierte Schaltungen. Stuttgart 1971 (Telekosmos Verlag)

Praktischer Umgang mit integrierten Schaltungen

Stöckle, H.: So baut man eine Schaltung auf. 2. Auflage Stuttgart 1977 (Telekosmos Verlag)

Stöckle, H.: Tips und Tricks für den Amateur-Elektroniker. 2. Auflage Stuttgart 1974 (Telekosmos Verlag)

Integrierte Operationsverstärker

Stöckle, H.: Integrierte Operationsverstärker. Regelungstechnische Praxis und Prozeß-Rechentechnik 9 (1973), 11 (1973) u. 1 (1974), Beilage „Der Meß- und Regelmechaniker"

Vahldiek H.-J.: Operationsverstärker. 2. Auflage Stuttgart 1973 (Telekosmos Verlag)

Stöckle, H.: Basteln mit Operationsverstärkern. Stuttgart 1976 (Telekosmos Verlag)

Datenblätter der Herstellerfirmen

Integrierte Spannungsregler

Halbleiterbeispiele. Herausgegeben von Firma Siemens, erscheint jährlich.

Datenblätter der Firmen Intermetall u. Fairchild für den Typ 723

Baitinger, W.: Wir bauen Netzgeräte. Stuttgart 1976 (Telekosmos Verlag)

Digitaltechnik

Haug, A.: Baustein-Elektronik. 1. Auflage Aarau 1970 (AT-Fachverlag)

7. Bezugsquellenverzeichnis

Die Hersteller elektronischer Bauelemente liefern im allgemeinen nicht direkt an Bastler. Wir empfehlen daher, sich an spezielle Versandfirmen zu wenden, und geben im folgenden einige Adressen solcher Firmen. Die Liste erhebt keinerlei Anspruch auf Vollständigkeit.

Bamberg:	Ing. Hannes Bauer, 86 Bamberg 2, Horntaler Str. 8
Basel:	Grieder-Bauteile, 4002 Basel, Peter-Merian-Str. 58
Berlin:	Atzert-Radio, 1 Berlin SW 61, Stresemannstr. 100
Bremen:	Technik-Versand, 28 Bremen, Außer der Schleifmühle 68
Düsseldorf:	Arlt-Radio-Elektronik, 4 Düsseldorf, Am Wehrhahn 75
Essen:	Radio-Fern-Elektronik GmbH, 43 Essen, Kettwiger Str. 56
Frankfurt:	Mainfunk-Elektronik, H. Wenzel, 6 Frankfurt (M), Taunusstr. 21
Graz:	Bühler Elektronik, 8010 Graz, Gartengasse 4
Hamburg:	Balü-Electronic, 2 Hamburg 1, Burchardplatz 1
Hirschau:	Conrad, 8452 Hirschau/Bay., Postfach 121
München:	Radio-RIM, 8 München 15, Bayerstr. 25
Nürnberg:	E. Queck, 85 Nürnberg, Augustenstr. 6
Salzburg:	Bühler Elektronik, 5020 Salzburg, Neutorstr. 17
Stuttgart:	Radio-Draeger, 7 Stuttgart S, Sophienstr. 21b
Wien:	Bühler Elektronik, 1010 Wien, Marc-Aurel-Str. 2a

8. Sachregister